PSYCHOLOGY OF SALES

销售心理学

郭玉鑫◎著

中国商业出版社

图书在版编目（CIP）数据

销售心理学 / 郭玉鑫著.-- 北京：中国商业出版社，2019.11
ISBN 978-7-5208-0966-5

Ⅰ.①销… Ⅱ.①郭… Ⅲ.①销售－商业心理学 Ⅳ.①F713.55

中国版本图书馆 CIP 数据核字(2019)第 247912 号

责任编辑：刘万庆

中国商业出版社出版发行
010-63180647　www.c-cbook.com
（100053　北京广安门内报国寺 1 号）
新华书店经销
三河市长城印刷有限公司印刷
*
710 毫米×1000 毫米　16 开　14 印张　195 千字
2020 年 1 月第 1 版　2020 年 1 月第 1 次印刷
定价：48.00 元
****
（如有印装质量问题可更换）

序 言

在销售领域，或为新人，刚站稳脚跟，或久经沙场，小有成就，其在入行前后，都会遇到自己的引路人，他们的一言一行都会潜移默化地对销售新人施加影响，伴他成长，并最终找到一条属于自己的成功之路。在我的销售道路上，第一任引路人就是我的父亲，他文化不高，也没有显赫的背景，但他那朴实且实用的为商之道却让我终身受益。

我的父亲出生在山东省肥城县汶阳镇郭家店村，没有读过什么书，但从小脑子就特别灵光，很早就显示出了做生意的天赋，用老家的话来讲"天生就是个做生意的料"。

我从小就跟着父亲做麻绳生意，这也是我家老一辈人传下来的生意，我的祖爷爷就做过这个生意，耳濡目染，这也算是我最初的营销启蒙课吧。后来因为种种原因，这个生意传到我父亲手里就无以为继了，他就到当时的小生产队做会计，一干就是两年。

后来，肥城矿务局国家庄煤矿招工人，我父亲便放弃了小生产队会计的工作，到煤矿上班。众所周知，煤矿的工作环境是非常艰苦的，但毕竟当上了工人。我父亲很满足于当时的生活状态。闲暇之余，他便整日琢磨着该怎样让自己的生活更上一层楼。后来他发现煤矿上需要大量的麻绳，于是我父亲便利用空闲的时间，再次捡起了麻绳生意。

1989年，当时我正在读初中，假期就时常跟着父亲和哥哥一起去肥城汶阳收购麻绳，然后送到50多公里外的国家庄煤矿上去卖。这样，每一趟生意就可以赚到五六百元钱，这笔钱在当时可以买几辆很好的自行车了。

要知道在那时，乡村结婚还时兴用自行车、缝纫机当彩礼，这可真是一笔不小的收入了。每次父亲赚到钱后，心情自然是非常好的，往往会买好多好吃的，然后回到家里，一家人聚在一起开开心心地改善伙食。父亲偶尔也会和我们谈及在煤矿宿舍买房之类的事，当然更多的时候他会鼓励我们兄妹要更加努力地读书，争取以后有大出息，这让我感到非常幸福！

或许正是因为这段经历，我毕业后选择了做销售工作，直到现在成为公司的董事、副总经理、销售公司总经理，分管销售工作。能够取得这点成绩，除了公司领导的培养和自身的努力之外，还离不开我父亲的教导。

还记得，当初初入职场时，我的那些最原始的销售方法很多都是借鉴我父亲的处事之法。因为在我眼里，我父亲在这方面所取得的成绩就是我最好的榜样。他处理生意上各方面的关系从来都是井井有条，让人感觉到舒服，或许就是因为带给人这种舒服的感觉，别人才愿意跟他做生意，买他的东西。毕竟在那个年代还没有出现现在诸多的销售和营销术，但这些年来细琢磨我父亲的小生意经——他卖东西就是卖情感，卖个人信誉，卖品质，这或许就是我父亲最朴实的销售心理学吧！

回想这些年来的工作经历，作为一名销售人员，每天面对各种各样的客户需求，摸爬滚打，酸甜苦辣，心中还是略有心得。这其间也曾想过和大家分享一下我的销售经验和对这一行业的一些想法，但记述成书却从未想过。

2009年1月18日，我的父亲离我们而去。他的离开，至今让我无法释怀，因为直到他真的离开的那一刻，我才真正意识到，在我成年后与我聚少离多的老父亲竟然是我销售道路上的第一任导师。父亲现在真的离我远去，真的走了，不是去远行，不是去采购……我遂决心动笔著书，并冠名《销售心理学》，因为唯有这个名字才最符合为商之道，同时也符合我的销售理念。多年来，正是这个销售理念，让我在做销售时，少走了很多弯路。

希望我的分享能给大家一些启示！同时，书中的不足之处，望不吝赐教。

郭玉鑫

2018.7.1 于山东泰安

目 录

第一章 产品感觉——超值享受

这就是我想要的 / 3

瞬间抓住顾客的心 / 7

体验 VIP 般的感受 / 10

一旦拥有别无所求 / 14

给消费者 24 小时"呵护" / 18

第二章 价格感觉——经济实惠

和同类比稍"便宜" / 25

比想象的档位要低 / 29

我完全接受 / 32

高档次中的低价 / 35

第三章 服务感觉——深入内心

想客户没想到的 / 41

最普通的小事才感人 / 44

巧借力拨千斤 / 47

用感情去服务 / 50

给客户丝丝暖意 / 53

第四章 促销感觉——别具一格

摆脱数字游戏 / 59

让客户感到优惠 / 62

给客户个性和创意 / 66

让你找不到拒绝的理由 / 70

第五章 销售感觉——将心比心

让客户感受舒适的"热情" / 77

让幽默化作与客户的熟络 / 81

让顾客享受到"上帝"的权利 / 84

让客户感受到你在为他着想 / 88

第六章 环境感觉——温馨舒适

让顾客心情得到放松 / 95

让精神感受到愉悦 / 98

在这里容易决策 / 102

营造家的感觉 / 106

让人顿生好感的"萌" / 109

第七章 它们快速闻名天下

勇闯天涯的雪花 / 115

"送礼"送出脑白金 / 118
安踏前行永不止步 / 120
五菱汽车"定位"美好生活 / 124

第八章　它们给人眼前一亮

京东送货到家门口 / 129
明星代言抓住眼球 / 131
联想 logo 贴近大众"两连击" / 134
奥运五环深入人心 / 136
耳熟能详的七匹狼 / 139

第九章　让你感觉无处不在

法国香水扬名海外 / 145
1点点奶茶流口水 / 149
星巴克咖啡的体验哲学 / 151
佳能感动常在 / 156
vivo 让自己无处不在 / 159

第十章　使人流连忘返

全聚德烤鸭四海文明 / 165
沁心的茉莉清茶 / 168
稻香村由景而生 / 171

第十一章　让人自然亲近

使人自然亲近的大 M ／ 177

热衷本土化的肯德基 ／ 179

童年的梦幻之城 ／ 182

清凉我爱雪碧 ／ 185

爱我就啃周黑鸭 ／ 187

第十二章　跨界牵手博得眼球

OFO 与小黄人亲密相融 ／ 193

网易考拉牵手《爸爸去哪儿 5》／ 196

网易云音乐牵手农夫山泉 ／ 198

小米的"二次元"之旅 ／ 201

麦当劳情牵"国漫"全职高手 ／ 203

腾讯与 DQ 共创好时光 ／ 206

后　记 ／ 209

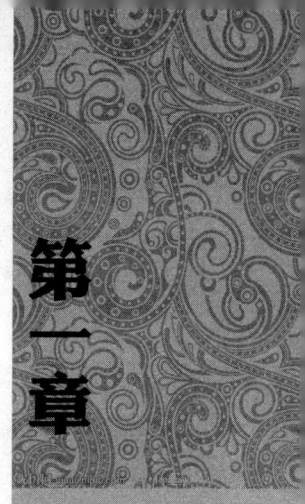

第一章

产品感觉——超值享受

这就是我想要的

如今，消费者越来越感性化、个性化和情感化，他们的消费需求重点已经由追求实用转向追求体验与智能化；他们不仅重视产品或服务给自己带来功能方面的好处，更重视购买产品或服务过程中所获得的特定体验。如果产品或服务功能相同，体验就会成为产品价值的决定因素。

一次，iPhone 召开新产品发布会，身着紧身牛仔裤的乔布斯指着自己的小裤兜说："如果想往裤兜里塞进一个产品，你们觉得它应该是什么？"之后，乔布斯拿出 iPhone，说："没错，就是它！"

这就是典型的乔布斯式提问方式，即站在消费者角度，提出一个耐人寻味的问题！虽然在这里乔布斯只是漫不经心地自问自答，但同样对消费者进行了启发和诱导：首先，iPhone 精致小巧，适合装进窄小的裤兜；其次，iPhone 外观时尚，体验完美，让消费者一见倾心；最后，iPhone 并不是传统意义上的通话手机，而是网络时代能够移动的个人掌上电脑。如果营销者能像乔布斯那样从消费者角度定义 iPhone，将产品镶嵌在消费者的生活方式中，让他们产生"这就是我想要的"感觉，产品也能畅销！而这也是品牌营销的真正目的所在。

对于销售，成功的销售人员通常都有自己的经验和见解。笔者认为，卖产品，重点不是推销自己，卖概念，卖标准等，而是"卖一种感觉"，给顾客描述一种感觉，让顾客直观地意识到"你的产品就是我想要的"。这就好比，刺激一个人进入一家餐厅的原因，可能是喷香的味道，可能是吱吱响的煎牛排声，可能是柔和的轻音乐，也可能是浓香的咖啡……心境决定食欲，这时候人们吃的不单单是食物，更是一种心情和感觉！

生活中这样的案例随处可见，例如，胜记鱼头剪彩、芝加哥凯悦酒店签名笔多种选择、优步车辆图标换成小船、后街唐厨分子料理。

鱼头剪彩营销。这种营销模式，同类的案例在我们生活中很常见，这种特殊的仪式会给就餐者营造一种贵宾的仪式感。当美味隆重登场，消费者就会直接感受到强烈的"被尊重"的感觉，而"尊重"恰恰是消费者对消费满意度的重要考量因素。如果消费者感觉得不到起码的尊重，即使是再好的商品，也不会选购，门店前也会门可罗雀。

芝加哥凯悦酒店签名笔多种选择。入住过芝加哥凯悦酒店的人都知道，酒店会给顾客提供五种签名笔。不同背景、不同文化层次的人都能找到一款适合自己的签名笔，将自身的品位展现出来，体会到酒店对每个细节细致周到的服务，从而体会到酒店"想你所想"的经营理念，让每一位顾客都能从内心体会到"这就是我想要的"的感觉。

优步车辆图标换成小船。快速营销能力是考验企业应变性的硬指标，因为只有这样，才能快人一步抓住营销时机，先一步将潜在消费者想要的交给他们。2015年6月上海下了一场大暴雨，优步先人一步抓住时机，将车辆图标换成小船，按照由低到高的价格，依次转变为"摇橹船""游轮"等，赢得了互动话题，创造了小热点，让消费者知道：在暴雨中优步与你同在，与你亲密互动。在压抑的天气中，人们仍能感受到一种"快乐"，而这种快乐和轻松的心态就是消费者"想要的"。

后街唐厨分子料理。把全民活动的麻将搬上了餐桌，不仅给人们带来了乐趣，也让人们感受到了花几百元就能吃到"几百美元"的快感，而这恰恰也是某些消费者想要的！

随着互联网电商的崛起，在线上线下销售服务，多渠道、多元化的今天，人们购物已经不单单是选购商品那么简单，消费者购物的满意度也不单纯以质量、品质、服务等因素而论，而是多个满意点相统一的产物。

消费者之所以钟情于某种商品，可能是出于喜好、服务、实用性等各方面原因，销售就是要抓住产品的特定需求人群，并为其提供个性或共性服务，让商品符合其个性、共性需求。一旦商品让顾客真正喜欢，让顾客联想到拥有它的快乐感受，那么只要按部就班地进行销售，多数顾客都会主动将商品放入购物车。

《阿甘正传》中有一句台词让我印象深刻："人生就像一盒巧克力，你永远不知道下一块是什么滋味。"虽然我不太喜欢巧克力的味道，但依然期待下一块是不同的味道，这也是一名聪明的销售人员应有的心态。通过个性化服务、私人订制等形式，给潜在消费者营造出"这就是我想要的"的感觉，就能让消费者极为受用，就能迅速成单。

以粉丝经济为例，让偶像代言，就能吸引广大粉丝。唯品会聘请周杰伦担任首席惊喜官，不仅迅速拉高了产品档次，还快速产生了爆炸性效果，让很多年轻消费者迅速转粉唯品会。

将《疯狂动物城》中的动物做拟人化设定，让"兽迷"融入"疯狂"世界，就能形成良性互动，形成一个常态化追"兽"群体。

优步请佟大为、鹿晗亲自当司机，拼车拼到明星，不仅给粉丝带来了惊喜，也给普通群众带来了一种意外惊喜。

除了粉丝经济外,对于健身圈,此种方式也同样适用。比如,Soul Cycle训练结束后,训练师通常会带会员去喝杯咖啡,聊聊天;生日送蛋糕;孩子考上大学送T恤等等。这种良性互动,淡化了商业味道,多了"情感"的意蕴,消费者只要掏钱,就能买到"这就是我想要的"的感觉。

"客户至上",是销售人员应该遵循的根本原则。能否从客户角度思考问题,能否了解客户的需求,才是决定销售能否成功的重要因素。自媒体时代,作为消费主体的年轻人的自我意识都非常强,他们购买商品,不仅看重功能,更重视产品赋予的精神层面的满足。某种商品在拨动消费者心弦的那一刻,他们就已经决定下单了!

瞬间抓住顾客的心

古人常说："得人心者得天下！"作为一名销售人员，只要抓住客户的心，就抓住了订单。

当下，为了购买到心仪的商品，消费者往往会线上线下对同类商品进行横向和纵向比较，让他们苦恼的不是买不到合适的商品，而是挑不到自己最中意的商品。由此可知，卖方只有吆喝有道，才能赢得关注，促进成单。

一个卖盆子的摊主，在人流聚集时，故意在不经意间将手中的盆子大力抛在地上，还不小心踏上几脚。结果，声音很大，引起了人们的关注。踏上几脚之后，盆子居然没有变形，围观者看到了盆子的结实性。而"结实"二字恰好是人们购买盆子的前提。对盆子有需要的人们不经意间就会看看盆子，摊主靠着察言观色的本事，迅速浏览了一下周围人的表情，就能找到可能购买的人，对其展开针对性的推荐。一旦做成第一单，第二单自然也就来了。

摊贩销售产品的策略确实令人佩服：先用假装盆子不经意掉落的响声吸引路人；然后采用踩盆子的方式，展示盆子的结实与优质，进而获得了路人的认可。这里，抓住路人对盆子"结实"的需求，是销售盆子最重要的先决条件之一。

如今，在购买商品的时候，多数消费者都喜欢比较，只要听说某家店感觉不错，某款商品效果好，就会毫不犹豫地光顾，甚至还会叫上三五个好友一起去。事实证明，越热闹的店家，越能吸引更多的人进去一探究竟；而那些门可罗雀、气氛冷清的店铺，只会让消费者敬而远之。

营销成败的关键在于是否擅长经营人气。人气不旺，即使店面再宽敞，装潢再漂亮，都是白忙一场。如同打保龄球一样，如果隔壁球道都熄了灯，只有自己玩的球道亮着灯，相信玩者下次多半都不敢再上门了；反之，如果左右球道都人声鼎沸，玩者也会精神百倍，乐此不疲，今后可能还会再来。由此可见，营销的重点就是，想办法把客户聚集过来，吸引客户，抓住他们的心。

多数人都有过这样的经历：抬眼望去，看到某种产品，心中会出现一个声音呼唤自己："这件商品给我的感觉就是我需要的。"如同很多人想拥有一款新的华为、苹果等手机一样，因为新款手机确实更了解消费者的习惯。

使用搜索引擎时，人们经常会有思维的定式，比如百度，简洁方便，易于操作，给我的感觉是"这就是我需要的搜索引擎"，因此我很喜欢使用，不管查找何种资料，都会在百度中查找。

由于工作的关系，我比较重视时间和效率。如同一款出色的产品，很多时候并不需要华丽和复杂的表象，触动"人心"才是重点，这一点跟百度搜索给人的感觉是一样的：每个人都能操作！一个搜索框，几个简单按钮，默认值巧妙，对信息只做一次请求，不仅为用户节省了时间，提高了效率，还用"用心"赢得了用户的心。

产品要想抓住人心，首先就要具备出色的品质，其次还要大力进行推广。要想达到良好的营销效果,就要在客户第一眼看到的时候将其吸引过来。当年某涂料公司老总,面带笑容地喝下涂料,产生了极大的新闻效应,用"安全"这个全面关注的热点为营销点,抓住了众人的眼球,引起了社会关注!

如果一个人给你提供了很多贴心照应,你一定不会反感这个人,商品也是一样!其功能设定,如果每个细节都是为你量身订制,都是你想要的,你自然也就没有理由不选择它!

在购买行为产生之前,很多顾客都会存在一种想法——我买这种产品,能满足什么需要?而要想抓住客户的心,就要关注消费者的以下几种心理需求:

1. 想要得到的。比如,消费者一般都想要获得健康、时间、金钱、安全感、赞赏、舒适、青春与美丽、成就感、自信心、成长与进步、长寿等,抓住这几点,基本都能将他们吸引到自己身边。

2. 希望成为的。消费者一般都对自己有一个期望,比如,希望自己成为好的父母、易亲近的人、好客的人、现代的人、有创意的人、富有的人、有影响力的人、效率高的人、被认同的人……以这些为着眼点,为自己的产品附加上这些价值,就能将人们吸引过来。

3. 希望拥有的。在这个追求个性的时代,为了追求标新立异,很多消费者都喜欢别人"没有"的东西,或者比别人"更好"的东西……因此,只要你的产品满足了消费者的这些心理需求,同样能抓住他们的心。

体验 VIP 般的感受

什么是 VIP 般的感受？举个身边的例子：

水果店的传统销售模式是：消费者到市场买水果，选择自己要买的水果，老板装上塑料袋并称重，消费者付钱，之后就可以直接拎走。

水果店的新型销售模式是：在水果专卖店里，消费者挑好自己要买的水果，在消费者支付了钱之后，老板不仅会应消费者的要求将水果切成小块，还会配上小竹签，装进塑料盒；最后，还会满面笑容地问你"要加什么酱"，这样消费者拿到手的水果似乎格外甜。

再举个新式手机的例子：

过去，新手机出厂时都会自带一张塑料膜，但这层膜没有保护作用，为了减少手机的日常磨损，消费者需要另外购买保护膜。

如今，手机设备迭代速度非常快，从 2.5D 屏到曲面屏再到全面屏，手机贴膜的难度节节攀升。为了解决消费者贴膜难的问题，vivox20 在出厂时便会自带原装高清膜，并承诺提供终身免费贴膜服务。

……

上面，无论是水果店的新型销售模式，还是手机自带贴膜，都是尊贵的 VIP 体验！

VIP 的感觉是消费者真切想体验的，尤其是在付出少量的金钱即可享受的情况下，这就好比一个人用 1 元钱却买到了价值 10 元钱的产品。这种感觉，会让部分消费者产生占"便宜"的"窃喜"。

经常观看网络视频和影片、直播的人都知道，VIP 可以享受更多的权利，观看最新的视频和直播。如果不花钱即可享受一次 VIP 的待遇，使用时自然就会产生一种做 VIP 的"惊喜"感，一种成为长期 VIP 的冲动。同样，这种方法也适用于网站、网游等方面营销，效果也很明显。

如今，体验营销已经逐渐成为部分商家不可或缺的营销手段，长时期使用体验营销后，很多商家都切实取得了较好的市场回馈。

在众多营销手段中，始终不可以忽略的就是品牌。因为只有抓住品牌，才可以考虑运用何种营销手段。没有经过考验并形成品牌的产品，无法形成像苹果等品牌的良好的使用体验感，无法给消费者带来超强的个人感受，也无法让其产生使用它的 VIP 感觉。

就好比购买了苹果产品，意味着购买了最先进的技术、最完美的工业设计和最佳的使用效果。良好的品牌体验感，已成为商家与消费者之间最为重要的连接线。从某些方面来讲，良好的品牌体验感恰恰是商家与消费者最重要的情感连接线，这与"多数消费者都是感性消费"相对统一，也是品牌营销成功的关键因素之一。

农夫山泉的"做大自然的搬运工"的情怀牌，让其品牌营造出了一种 VIP 般的感觉，即将大众对青山绿水的渴求融入广告片，直击大众人心；其广告设置"5秒可跳过"功能，更让人们不花钱就能体验一次 VIP 的感觉，赢得消费者的口碑，成为讨论的焦点和标杆。

直抵人心的往往是情感，在营销中这可以说是直击"痛点"、打开"卖点"的开门钥匙。用情感体验的方式俘获人心，可以让每个人都享受到属于他的 VIP 待遇。

苹果和农夫山泉两家企业，运用"情怀牌"，强调用户体验，迅速赢得了消费者的认可，为自身带来了巨大的影响力和效益。那么，如何让用户产生 VIP 般的感觉呢？

1. 管控好消费者的预期。要想打造超预期的消费者体验，首先就要搞明白消费者的心理预期。消费场景不同，消费者的态度和心理预期也会不同。比如，高档商品，消费者往往在乎的是身份、面子、尊崇，对于质量、服务等方面的心理预期值就比较高，因此就会以更严苛的标准、更挑剔的眼光来进行评判。

再比如，低收入人群到餐饮店就餐，他们看重的一般都是便利、实惠和自在；机场、高铁、电影院等处餐饮门店，消费者对于时间要求高，外带打包需求大，对价格不太敏感。要想给消费者提供 VIP 般感受，商家就要充分认知消费者预期，了解消费者的关注点，根据消费者的心理需求，及时调整营销策略，管控好消费者心理预期。

2. 打造服务差异化。要想打造超预期的消费体验，就要从服务的差异化入手，打造出具有鲜明特色的品牌化服务。差异化的品牌服务是形成消费者超预期体验的关键。为了创造差异化，商家可以从以下几方面做起：

（1）站在用户角度想问题。要想赢得消费者，就要跟用户互换角色，站在他们的角度思考问题，针对消费体验的各个环节进行设计，制订标准的服务流程和规范。比如，麦当劳、肯德基、星巴克等国际化餐饮企业都制订了严格的服务标准；为了检查标准是否执行到位，为了检核门店的标准执行和落实的情况，他们还会聘请第三方公司作为神秘消费者进行暗访。大数据的运用，让消费者的消费体验都可以被系统记录和追踪，消费者还可以通过各种方式来进行反馈和提出建议。

(2) 比对手多做一点。企业的运作不能闭门造车，必须了解竞争对手的所作所为。如今，为了提升满意度，就要比对手多做一点。比如，提供免费茶水、果盘等服务。炎炎夏日，消费者刚走进店门，就可以为他们先送上一杯冰镇酸梅汤，让消费者消暑清凉一下。当然，在微信广泛运用的今天，还可以开发微信公众号的延伸功能，给消费者提供不同的生活服务指引……事实证明，只要把服务跨界和延伸到以消费者为中心的生活服务，自然就能比其他企业多出几分人情味。

(3) 满足消费者的个性需求。每个消费者都是一个独立的个体，需要被尊重。为了给他们打造VIP般的体验，就要对他们多关注，关注他们未被满足的个性化需求。平时，商家要认真洞察消费者的言行举动，找到可以提供服务的机会，为他们提供个性化、专属的服务，最终给用户带来VIP般的感受。此外，要通过服务前、中、后等各个接触点，与消费者建立起一种友好关系，满足消费者未被满足的需求，建立起品牌与消费者之间的情感连接。

一旦拥有别无所求

"值得拥有"到"一旦拥有",商品带来的满足感,就能用"别无所求"来形容!

定位大师特劳特曾指出:"营销竞争的关键是心智之争,而非市场之争,只有获得消费者内心认可的产品和服务,才具备强大的市场竞争力。"当下,"卖感觉"在市场营销中已经大行其道,并形成了自己的理论体系。比如,红星二锅头酒与京味文化紧紧捆绑在一起,就是一个典型案例;"游长城,吃烤鸭,喝二锅头",成为典型的京味文化的代表。

小酌一杯二锅头,在潜意识中体验老北京文化,形成"品酒、品京味文化、品人生"的意境,把小酌一杯二锅头变成了一种文化享受,更加直抵人心。犹如人生之三味,繁华喧闹背后,是人们渴求的体验,这种感觉让人渴望,"一旦拥有,别无所求!"

"一旦拥有,别无所求",这句话对于80后、90后这两代人并不陌生。在2003年,经过航天相关部门的苛刻检测,飞亚达表脱颖而出,从神舟五号到神舟十号,始终为中国航天员提供执行任务用表和地面训练用表,这也让人们记住了那句朗朗上口的广告词:"一旦拥有,别无所求。"

航天用表和央视新闻联播整点报时,二者形成的叠加效应,给人们带来了一种技术高端、精密的感觉。之后,再经过这段广告语恰如其分的宣传，更让人们觉得值得购买一块飞亚达手表，购买它是一种品位和品质追求的体现，达到了充分刺激人们潜在购买欲和虚拟所有权的目的。

对于"虚拟所有权"这个概念，很多人都感到比较陌生，尤其是在营销手段的运用中更是心存疑惑。

参加竞拍时，一旦遇到自己早已定下的竞拍目标，就会在自己的心理承受底线的基础上不停地举牌，跟其他人展开竞争。如果最终被他人竞走，就会产生大大的失落感，情绪也会迅速低落，就像"心爱的女人被抢走了"一样。

为什么会出现这种失落感呢？原因就在于，在得知有这一拍品的时候，你会产生一种"假如拥有"的心理，并因为这种心理而感到兴奋和喜悦，这就是"虚拟所有权"，其不停举牌就是内心虚拟所有权的真实写照和下意识行为。举牌的次数越多，这种心理就会越发让你难以舍弃，竞标的价格也会远高于过标报价。

对于虚拟所有权在营销中的应用，行为学家艾瑞里的一句话给了一个很好的解读，那就是"虚拟所有权是广告业的主要动因"。只有应用好这种动因，主动营造"值得拥有""一旦拥有，别无他求"的感受和直观感，才能达到更佳的营销效果。例如，汽车要营造出荣耀感和驾驶享受感；化妆品描述出使用后的靓丽；饮料会展现你畅饮后的舒爽；时尚杂志广告展现的是你模拟过后不同美感的模样，清新、优雅、华贵等。

"先使用后付款"是运用"虚拟所有权"的典型营销手段。安利最初的成功，就源自"臭虫"式的推广。为了获得订单，他们用各种方法软磨硬泡，千方百计地把组合产品留到消费者家里让人试用，等试用期结束，再上门取样品，订单也就随之而来。消费者免费使用了产品，在"不好意

第一章 产品感觉——超值享受

思"的心理驱动下，就容易产生"反正不贵，就买一些吧"的心理。另外，销售员上门拿回样品后，有些消费者还会产生一点失落感，干脆掏钱购买。

"臭虫"营销让安利取得了巨大成功，让其从一家在地下室办公的企业，快速成长为年销售额达到15亿美元的大型企业。

由此可见，品牌的成功离不开营造"消费者虚拟所有权"感受，让消费者在"虚拟所有权"感受中选择，购买欲中的"占有"欲无疑会更重，让其在脑海中形成一种声音："一旦拥有，对其他商品，别无所求。"

1. 用一项服务提升竞争力。"消费者虚拟所有权"是品牌经营成功的前提，有利于企业进占市场，拓展市场。"消费者虚拟所有权"从产品开始，可以是一件商品、一项服务、一家公司、一个机构，甚至是一个人。但不是围绕产品进行的，而是围绕潜在消费者的心智进行的。它能够为某个特定品牌确定一个适当的市场位置，在消费者心中占领特殊地位，从而稳固自己的市场。一旦突然产生了某种需求，消费者就会在第一时间想到它。比如，在炎热的夏天突然口渴，消费者就会立刻想到"可口可乐"的清凉爽口；担心吃火锅上火时，有人就会立刻想到"王老吉"的降火凉茶……

2. 满足消费者的内在需求。定位的基本方法，不是创造新的、不同的事物，而是洞察消费者的内在需求，并在已有的认知里去创新、探索、重组和关联，最终借助传播，让品牌在消费者心中获得一个有利位置。要想达到这一目的，首先就要考虑目标消费者的需要，借助之前的市场行业调查、消费者行为调查，了解产品所处的位置；其次根据市场细分中的特定市场，满足特定消费者的需要，找准市场空隙，细化品牌定位；最后，还要尽力塑造差异，比如，质量、价格、技术、包装、售后服务等，还可以是脱离产品本身的某种想象。

3. 得到消费者的心理认同。要想为消费者打造"消费者虚拟所有权"的感觉,商家就要明确自己的定位,塑造自己的产品,将定位融入内部运营,得到目标消费者的认同。品牌模式与品牌定位有着密切的关系,可以分别以文字、图像、服务、活动、声音、数据等方式体现,并以各种渠道与消费者进行沟通,与消费者建立起一种长期的、稳固的关系。

给消费者 24 小时"呵护"

最好的营销,就是创造好的产品(概念),满足消费者的个性化需求,与消费者的生活形态相符合,达到引发联想的强烈传播效果,继而占领市场。

"白加黑"在研制产品之初,就开始了营销策划,分析消费者、分析市场、分析竞品,最终推出满足消费者心理空白、市场空白的出色产品,名称、特点、功效浑然一体,为同类竞争者设置了天然的竞争障碍。

20 世纪 90 年代,在国内的感冒制药市场上形成了三家巨头级别的企业:白加黑、康泰克、泰诺。

康泰克以缓释胶囊技术,提出早晚各一粒,确立"长效"定位;泰诺提出 30 分钟缓解感冒症状,确立"快速起效"定位;白加黑提出了"白天服白片晚上服黑片"的概念,将前两者对感冒药的定位进行了重新定义,确定"治疗感冒,黑白分开"的方法。正是因为这个定义和概念,让白加黑上市仅 180 天销售额就突破 1.6 亿元,赢得了开门红。

除了白加黑,还有两个案例很值得研究,那就是肛泰和洁尔阴。肛泰在上市前做了大量的市场调研,发现了市场上的主流产品存在的弊端,那就是膏、栓用药后,药物常随大便被排泄掉,致使患者不能得到持续治疗,同时由于只能晚上在家用药,存在用药不方便的弊端,在白天无法用药,患者就算痛得不行，但出于客观原因也只能忍着。

针对这一弊端，肛泰提出了"贴肚脐治痔疮"这一概念，一天贴一片，24小时持续有效地治疗。这一方便好用的新剂型成为荣昌肛泰的最大卖点，再加上幽默的电视广告、国内首创系列漫画广告配上诙谐风趣的打油诗，迅速赢得消费者的好感，取得上市一年就销售上亿元的好业绩。

用药也是一种"享受"，是这种产品成功的关键所在！其实，任何商品，给消费者带来享受，都是其购买的重要理由。商家热衷利用明星代言进行大面积宣传，有时还不如简简单单地告诉消费者"这个商品是你需要的，可以为你提供24小时服务"。

2018年4月1日，盒马在北京和上海的25家门店全部实现了"24小时服务"，盒马再次刷新了行业标准。阿里大数据显示，淘宝0～4点的夜间登录用户为8000万，饿了么等外卖平台小订单占比全天成交12%以上。该服务才上线两周，北京和上海的夜间订单就稳步上升，全天订单量比过去增长一倍，而选择"加急服务"的消费者高达50%。更值得注意的是，夜间订单平均单价也高过白天。

在打造"3公里理想生活圈"的过程中，盒马的物流配送体系扮演了极其重要的角色。从"最快30分钟送达"的单一形式，逐渐拓展出"SOS家庭救急""24小时"和"云超次日达"等服务，满足了不同消费者不同时间、不同场景的需求。

销售，是一个连续的过程，只有起点，没有终点。成交并非是销售活动的结束，而是下次销售活动的开始。为了将消费者牢牢抓在手里，在成交之后，还要向消费者提供后续服务。

销售的首要目标是创造更多的消费者而不是销售量。只有消费者足够多，销售量才能足够多；消费者越多，销售业绩也就越好。记住：大批忠诚消费者是商家最重要的财富。

成交之后，继续关心消费者，向消费者提供良好的服务，既能保住老客户，又能吸引新客户。如果消费者觉得你的产品或服务不错，不仅会再次光临，还会给你推荐新客户。就算失去消费者，也要继续不断地对他们表示关心，了解他们对产品的看法，虚心听取他们的意见，及时解决销售过程中存在的问题。

事实证明，商家与消费者保持密切关系，可以战胜所有的竞争对手！为了让消费者享受到全天候的服务，商家可以从以下三方面做起：

1. 与消费者定期联系。商家需要多长时间拜访消费者一次？要根据不同消费者的重要性、问题的特殊性、与消费者熟悉的程度和其他因素，使用不同的拜访频率。根据消费者的重要程度，可以将他们分为ABC三类，不同的消费者要使用不同的拜访频率：A类消费者，每周联系一次；B类消费者，每月联系一次；C类消费者，至少半年联系一次。当然，商家与消费者联系的方法也可以多种多样，除了亲自登门拜访外，还可以给消费者打电话、写信、寄贺年卡片等。

2. 正确处理消费者的抱怨。销售过程中，总会遇到消费者的抱怨，即使产品质量好，爱挑剔的消费者也会发出这样那样的抱怨。松下幸之助说："消费者的批评意见应视为神圣的语言，任何批评意见都应乐于接受。"只有正确处理好消费者的抱怨，才能吸引更多的消费者。

（1）感谢消费者的抱怨。消费者向商家投诉，商家就有机会知道他的不满，并设法予以解决。如此，不仅可以赢得一个消费者，还能避免他向亲友倾诉，对商家造成更大的伤害。

（2）仔细倾听，找出抱怨点。让消费者畅所欲言，把所有的怨愤都发泄出来，这既可以使消费者保持心理平衡，又能发现问题所在。急忙打断消费者的抱怨，为自己辩解，只能火上浇油。

（3）收集资料，找出事实。处理消费者的抱怨的原则是：站在客观立场上，找出事实真相，公平处理。如果消费者的抱怨有夸大的地方，商家要收集有关资料，努力找出事实真相。

（4）征求消费者的意见。一般来说，消费者的投诉都属于情绪上的不满，只要商家重视起来，多同情他们，他们的不满就会得到宣泄，怒气也会消失。这时，商家可能只要象征性地做一点补偿，或什么都不用做，抱怨就能很快消除。

3. 为消费者提供多种服务。销售是一种服务，只要商家乐于帮助消费者，就能跟消费者和睦相处；为消费者做一些有益的事，就能营造出良好的氛围，促进营销工作的顺利开展。服务就是帮助消费者，除了售后服务，商家还可以给消费者提供更多的帮助。比如，可以向消费者介绍一些技术方面的最新资料，邀请消费者参加一些体育比赛，等等。

第二章 价格感觉——经济实惠

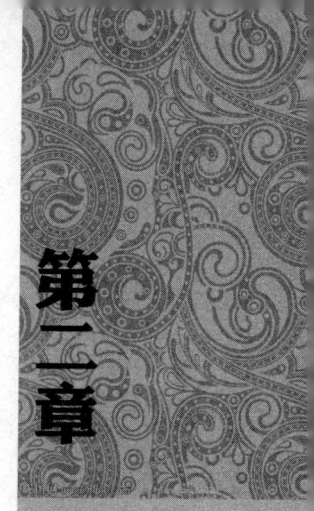

和同类比稍"便宜"

消费者进行消费，多数都是为了获得某方面的满足，也就是经济学中所说的"效用"。只有消费者觉得自己能从消费该商品中获得的价值与商品的实际价值相符，才会愿意掏钱购买该商品。消费者要的不是便宜，而是要"占了便宜"的感觉。

贪图便宜是人们常见的一种心理倾向，物美价廉永远是消费者追求的目标。现实购物场景中，多数消费者都不会在产品的真实价格上追根究底，只要觉得自己占了便宜，多半都会心甘情愿地购买。

用尽可能低的价格求得尽可能多的回报，这种消费心理支配着大多数消费者的购买行为。而消费者的这种爱占便宜的心理正是商机所在！也就是说，只要消费者觉得占了便宜，你的产品或服务就容易销售出去。

小李独自经营着一家工艺品店，在他的小店里，除了各种样式新颖的摆件外，还陈列着来自不同国家的小工艺品等，物品繁多，生意也比别家的好。

有一次，一位顾客到小李的店里选几个摆件。经过一番讨价还价，顾客有些累了，就坐下来休息。小李给顾客端来一杯茶，顾客发现茶的味道不错，忍不住问："用的什么茶叶，这么好喝？"小李拿出一包茶叶，慷慨地送给顾客。顾客意外得到小李"买一送一"的馈赠，觉得占了便宜，十分爽快地下了单。

不仅如此，如果顾客是带着孩子来的，小李就会给小朋友一个小礼物。但是，小李并不会一开始就给顾客送东西，而是等着顾客选购到一定阶段时，他才会"慷慨"送出。

小李就是利用顾客"爱占小便宜"的心理，故意不说是赠品，在顾客提出要求后假装"慷慨"地送出。顾客觉得自己占到了便宜，自然就会掏钱；结果，生意越做越红火，小李也得到了更多的回报。

质优价廉是每一个消费者所追求的，但在购买商品多向选择的时代，"实惠"和"不贵"这两个营销点已经远远不够。

当下人们消费的第一理由不是实惠和好用，有些商家即使亏本售卖，消费者照样"不感冒"。在货比三家的基础上，消费者还会在综合评估中加上一条经济实惠的硬性指标。为了在消费者面前展现出经济实惠，很多商家便在价格上做起了文章，玩起了价格游戏。在不打折的情况下，利用节假日等时间段，展开打折活动，价格从20元变成19.6元，让消费者在心理上感受到了真正的"降价"。当然，随着时代的变迁，人们对营销手段的"免疫力"逐渐提高，在大众消费者的眼中，百位、十位上的数字，才是关注的重点。

为了评估消费者对一些知名零售商品牌的价格认知情况，国外相关部门做了针对性的研究。通过对几个欧洲国家一万余名消费者的调研发现，对于整个零售行业而言，欧洲的普通消费者对各种类产品的价格认知都不一致，对于同一个行业不同的品牌认知也存在差异性。

譬如，在保健和美容行业，欧洲的消费者预估、猜想的价格平均只比实际价格高出3.6%。例如，英国的巨能连锁药业，消费者认为它的商品比同类商品便宜11.2%，事实上它的价格只比同类商品便宜3%。之所以能让消费者有"价格更便宜"的感觉，主要是他们一直重视网站工作，给消费者造成了一种"比同类产品便宜很多"的错觉。

价格更便宜是相对性的，心理价位会随着消费者对商品认可度而改变，消费者往往愿意为某个自己认可的品牌支付更高的溢价。所以，很多时候，企业应该思考的是，为自己的商品排除同类竞争找到理由，而不是在定价和成本上做太多的文章。

在商品的多向选择时代，消费者置身于像超市一样的世界中，要做的只剩下选择。比如美团网，这一商业模式出现仅一年后，在中国就已经有多达5000余家类似的网站，吸引了无法统计的资本和人才。不只是在互联网行业，很多传统行业也同样如此。当年香飘飘成功推出杯装奶茶后，立刻就吸引比其实力雄厚数倍的企业进入该行业，罐装王老吉"火"了之后，凉茶饮料更是遍地开花。

不能给消费者一个必须选择的理由，他们就会选择其他同类商品，或不断地把商品放到购物筐中，然后又不断把同类商品放回购物架上。在超市中，直到付款结账前的那一刻，他们是一路在选择，而并非全程专注于购物。从这个意义上讲，企业家应该首先关注的是顾客"选"商品时的理由，如果一次只选择一件或一种，就应该想办法让他在选择你的产品之后，不会产生再选择其他同类产品的欲望，例如当年的宝马。

20世纪70年代，宝马汽车品牌还是"二流"品牌，还没有产生当今的世界影响力，但最终站在和奔驰同一水平线，成为世界知名品牌。这一点，还要从宝马希望被奔驰收购，奔驰拒绝开始。

被奔驰拒绝后，看不到出路的宝马，开始思考未来的发展方向，深刻反思自己的核心业务是什么。经过反复考察研究，他们发现了自己的核心竞争力，那就是自己生产的发动机，连奔驰都在采购。同时，他们还对巨人奔驰进行了研究，发现其最大优势就是声望和尊贵，不足点则在于：车型大，只适合乘坐，驾驶体验略逊。

宝马对于未来的定位，就是反其道而行之，造一款适合驾驶的车。企业所有的运营都与奔驰反向，紧紧围绕"驾驶"展开。"坐奔驰、开宝马"，广告也始终围绕"驾驶的乐趣"，给消费者营造了这样一种感觉：如果准备自己驾驶，就要选宝马。这个定位让宝马很快俘获了众多顾客的心，使其成为和奔驰比肩的品牌。

在线上线下双重竞争的时代，我们无法将一个企业的全部信息塞进顾客的头脑，唯一能塞进的是代表企业的符号，即品牌。但塑造一个品牌还远远不够，只有真正把品牌植入顾客内心，才能让消费者选择你的产品。因此，产品一定要有自己独特的价值，才能给消费者选择你的理由。当然，最好这个理由能够突出你的优势：相对于其他产品，你的优势在哪里，是比同类产品稍"便宜"，还是具备品质方面的优势？更细一点，甚至可以具体到消费者的使用场景，给消费者展示你的产品价值。

比想象的档位要低

寻求更高回报率，是尝试运用不同营销手段的目的。好比一个销售人员尝试运用各种技巧，最终都是为了出单一样。其中，运用较多的就是价格营销。

这种营销模式固然能达到聚热度和聚人气的目的，但随着"互联网+"营销被商家们普遍玩转后，无论是向店商还是消费者推销某一类产品，都存在同类产品的多重选择、同样价格是否送货上门等立体对比。采用正确的营销模式，攻破消费者内心的价格底线，激发其购买欲，点燃其持续购买的热情，让其"沸腾"起来，才是好的营销，也是销售的起始点。

当下，伴随"网络营销"的冲击，家装等行业促销活动频率越来越高，家博会、电商会等可谓你方唱罢我登场，各种节日，都成了促销活动的主战场，各类营销活动频频亮相，但在线上线下做深入人心的案例调研的企业，却少之又少。

蹭热点、热度固然能吸引眼球，但很多家装企业"让利"的收获甚微，主要原因就在于，其营销模式并没有给消费者带来温度和热情，品牌促销推广千篇一律，消费者已经习以为常，甚至都能提前预知到流程和模式；让利幅度远未达到想象中的地步，每次活动都是"新品六折"，如果不急需，又何必排队付款？

无论是店商，还是品牌策划人，首先都要清楚：每次营销活动最终要促成的效果，能达到的业绩、销量、效益或影响力等，追求的是长线还是短线利益？很多时候，影响力、促销量、效益是不成正比的，例如，可口可乐在迪拜的贫民窟安置了一个可以免费打电话的红色电话亭，其目的和营销点完全不同。

星巴克的早起免费咖啡，麦当劳的"陈奕迅送麦当劳"……这类互动营销，让消费者和品牌商都提高了满意度，效果非常明显，但其成功的案例，又与常规线上互动是两码事。常规情况下，消费者更关心的是质量，以及品牌促销价格是否比自己的心理价位底线要低。

这种心理在热度品牌中尤为显著，开展限时对折活动，如果活动没有与消费者产生共鸣，消费者凭什么会选择你？这时，就需要多些实在的"让利＋创意"，比如涂料品牌，安全、环保、无甲醛、自然生态等，都是消费者关注的点。

同时，在促销现场，可以举办一场互动体验会，让消费者体会产品的色彩、环保、无味，让潜在消费者切实体会到品质，并促使他们主动、自愿地将活动体验分享到社交媒体，形成二次或带状传播，产生更佳的营销效果，否则表面看似火热的营销活动，其实是"零度"；看似狂降，实则是365天同折扣，只能被强大的市场竞争洪流所淹没，只能让消费者一听到、一看到，就莫名地抵触。

网上购物，促成消费者购买，除了质量、性能和款式等因素外，抓住消费者的心理，或多数消费者的心理，显得尤为重要。因为只有熟悉买家，才能更好地激发其消费欲望，制订行之有效的价格促销方式。由此，在诸多同类商品堆中取胜，采取一些能激发买家消费欲望又让他们觉得价格优惠的促销方式，也就成了重点。

临界价格，很容易让顾客产生视觉错误。如果以 200 元为界，临界价格就可以设置为 199 元或 198 元。如此，就能给消费者一个错觉，该商品没有超过 200 元，只值 100 多元。这种方法已经被泛滥运用，但至少说明该方法是有效的，做店铺促销活动时依然可以使用。

采用阶梯价格营销模式，最直接的效果就是形成顾客自动着急的心理，让其迫不及待地采购。比如某款商品做促销时，在活动首日是 4.5 折，在第二天就是 5 折，第三天就是 7.5 折，以此类推。阶梯折扣的目的，就是给消费者造成一种时间上的紧迫感，促进他们产生立马采购的购物欲望。

降价加打折，给顾客双重实惠。比如我们 100 元的商品打 7 折，其价格是 70 元；如果我们先把商品的价格降 10 元，再打 8 折，那么商品的价格就是 72 元，但给买家的第一感觉，后者的降价似乎更实在，折上折自然有它的诱惑。

从价格营销给消费者形成的心理感应而言，商品价格从 50 元直接降价到 30 元，给消费者的感觉是：这件商品还有降价空间，其价值大概在 20 元。换一种营销方式，以 30 元换购价值 50 元的商品，消费者则会认为此商品的价值还是 50 元，继而产生一种"买到就是赚到的商品"的感觉。

从此不难看出，不一样的说法，不一样的营销角度，往往会带来不一样的效果。

我完全接受

经常喜欢淘货的朋友，尤其是女性，在一些特色小店总会遇到这种情况：

同款只有几件，也只有几种颜色，售完不进货，给商品赋予更多的唯一性；在意大利的莱尔市场，专售新产品，且只售首批，卖完为止，不再进货，采用的也是这种销售模式，如此就能使来这里的顾客见到中意的商品，很快就会下决心购买，绝不犹豫，价格上也不会计较，基本上是"我完全接受"的状态。

要想开启潜在消费者"完全接受模式"，品牌的个性、性格和文化是秘钥之一。这方面，美国的哈雷·戴维森摩托车是典型代表。在主流大环境下，哈雷部分零件自己手工制作，打造了属于自己的品牌文化。"酷"的造型，加上巨大的轰鸣声，赋予产品特立独行的性格，独具古典美。其始终如一的坚持，让顾客产生了一种无法拒绝哈雷·戴维森摩托车的理由。

事实证明，有个性的成功品牌，更注重打动消费者的心，能让他们完全接受品牌赋予的一切，让其有荣誉感、归属感，进而促成最终消费。作为销售者，如果无法使消费者对一个品牌产生狂热感和忠诚度，成单率就不会很高。

朋友去年经销一种国产家庭中央空调，一套3万多元，属于质高价廉的商品，辛苦经营了一年，不但没赚到钱，还亏了几十万元。而同样性能的进口空调，价格高10倍，销量却不错，半年就赚了上百万元。他原本以为，质量相当、服务更好的国产空调，应该能赢得更多大众的认可，起码不至于亏。原因何在？答案就是，他卖错了人。

家庭中央空调的使用者，基本上都集中在高收入人群。他们对基本性能不太苛求，而更注重品牌所代表的品质，更关注个人的品位和个性的表达。好比喝国酒茅台的人，多数都不会在意价格，他们喝的不仅是酒，更是"国酒"之名。

哈雷摩托1～2万美元的售价，基本达到了轿车的售价水平，对于摩托车而言，可谓相当昂贵，但众多购买者仍毫无顾虑地购买。从我个人角度看，消费者之所以愿意出大价钱，就是对哈雷摩托"酷"的迷恋和背后文化价值的认同。

美国有一句谚语："年轻时有辆哈雷·戴维森，年老时有辆凯迪拉克，则此生了无他愿。"这句话确实印证了这个观点，这也让我们更容易理解，拥有上亿资产的福布斯、约旦前国王侯赛因、"猫王"、施瓦辛格、钟镇涛、叶童、纳芙拉蒂诺娃等为何都是哈雷·戴维森摩托车的忠实粉丝，为何会对其情有独钟了。

当然，要想探讨哈雷·戴维森摩托车经久不衰之道，还需要从第一辆哈雷·戴维森摩托车说起。戴维森之所以要打造这一品牌摩托车，初衷便是展现年轻一代梦想、反叛精神、奋斗意识的"摩托文化"。这种文化理念，经过近百年不断积淀和升华，就能尽显其魅力，赢得一代代年轻人的认可，成为年轻人宣泄自己自由、反叛、竞争的精神和彰显富有、年轻、活力的标志。

日本的高收入、高物价，酝酿了"品类的奢华"，折合人民币几百元一公斤的大米、上千元一份的寿司生鱼片，在日本随处可见。不是日本的生产成本高，而是狡猾的日本商人深谙"品类奢华"之道。

对于大米，国人常食用的有东北大米、泰国香米等，对于日本的"越光"大米，则稍显陌生。但这种大米在日本却大名鼎鼎，被称为最贵的大米，只有中产阶级以上的家庭，才能经常购买。有人会问，越光大米真比我国东北大米、泰国香米好吃很多倍吗？真比本土的普通大米好吃百倍吗？其实，不尽然！

为什么出现这种情况？这离不开其营销模式和定位。在符合产地寒冷、有非常清冽的泉水、充足的阳光及上好品种的硬件条件下，在口感确实不错的前提下，日本的新渴县北部产出的越光大米通过营销和包装，让大众认可其食用背后的价值和文化，即使其一锅米饭可以卖到折合人民币2000多元，也有很多人心甘情愿地购买。

对于消费人群的界定，可以分高中低三个等级。在三者当中，谁能获得最高的利润，不言而喻，而这部分高端消费者往往更推崇"买感觉"，价格最高的，他们完全接受，因为"感觉"告诉他们：这正是他们需要的，能够满足他们物质和精神的双重需求。

对于中低端消费者，拿半个月的工资，买一瓶高价葡萄酒，一边忍着涩味，一边看《教你品味法国葡萄酒》，再做一桌蹩脚的西餐，努力找寻酒中三昧，这种"感觉"的认知却是不同的……而这些就是营销人员需要思考和捕捉的。

高档次中的低价

无论一个人的财富值有多少,通常都喜欢购买打折的商品,这是客观需要,花少量的代价换取高价值的回报,谁都不会拒绝。唯一的区别就是,因精神层次不同,经济实力差异,表现出来的程度不同、方向不同而已。

国人现在的消费目的,早已脱离了基本物质需求,更多的是追求舒展的个性消费。正是这种个性的觉醒,导致无论哪个消费层在选择商品时,除了考虑使用功能、价值外,都更关注品牌形象,以及品牌文化与自身偏好是否契合,一旦相符,便会不假思索地重复购买,对品牌的价值也是高度认同,不容他人随意贬损。

在喜爱的品牌面前,对于打折活动,免疫力往往会回到归零的状态,原因就在于:对一个品牌的长期关注,真正的打折会让人感觉便宜很多,这就好比长时间吃同一牌子的食盐一样,因其价格稳定又需常备,一旦打7.5折就会感觉很便宜,想多买一些备用。

很多商家也会利用消费者这一心理,推出阶梯式打折促销模式,其中最被大家熟悉的日本东京银座绅士西装店首创"打1折"销售就是如此。国内很少出现这种打1折促销形式,常规的商家通常采用连续7天降价的模式,从第一天的9折到第七天的5折。

这种看起来好像最后两天买东西是最优惠的促销模式,在我们的固定思维认知中，会觉得在最后两天去买就可以了，但实际情况是，从第三天开始便有大量的客人光临，因为出于对时间和人满抢购、心仪产品数量有限等方面的考量，人们往往会避开最便宜的那一两天，等打6折时，就像洪水般涌来抢购，等不到打5折，商品就全部卖完了。

很多高端品牌都会在周年庆或者特殊的节日开展不同形式的打折促销，这种实实在在的价格优惠，对于品牌的忠实推崇者和乐享拥有者而言，这就是高档中的低价。日常，会员打8折，而现在部分商品却是实实在在的5折、6折，这无疑会形成巨大的吸引力，顾客会急于购买到自己喜爱的商品，从而引起抢购的连锁反应，即使商家运用"打1折"的心理战术，也无须担心亏本，因为在5折、6折的时候就已经卖断货了，商家怎能亏本，只会增强影响力和效益。

对于营造促销带给顾客价格经济实惠的感觉，另一种非常规的手段便是高端产品的中低端化拓展。这种非常规的手段，说其非常规，原因是其不具备普遍性，在建立品牌影响力的情况下，利用自身上游高档名牌的声誉，吸引购买力水平较低的顾客，购买这一"名牌"中的低档廉价产品。但不可否认的是这种做法风险很大，一旦操作不当，极易损害品牌高品位的信誉。当然高端品牌非常规手段，也非单方面向下，也可以双向扩张，一方面增加高档产品项目，另一方面增加低档产品项目。

对于这种模式，20世纪日本的"精工"牌就是典型例子。针对当时正逐渐形成高精度、低价格的数字式手表的需求市场，"精工"手表实行双向扩张策略，推出一系列低价表的同时，收购了一家瑞士手表公司，连续推出了一系列高档表，其中一款售价甚至高达5000美元，都收到了良好的销售效果。这也是后来很多商家对很多高端品牌采用的营销策略，在高端不断翻新的同时，不忘时不时推出接地气的产品，以此达到抢占中低端消费市场的目的。

对于高端产品，尤其是奢侈品，打折的情况很少出现，甚至很多品牌售后不退。这种售后不退的模式，让很多人无奈和抱怨的同时，仍会出现打折时人满为患的情况，究其原因就是消费理念和它们有着相对固定的消费层和"铁粉"；但对刚崭露头角的准高端品牌而言，其只是刚进入高端行列或者进入不久，他们要做的是"商务高端产品"和接地气的中低端"家用产品"相结合，这时往往中低端产品更好卖，就像奔驰的诸多SUV系列，购买者用相对中低端的价格享受高端的品质。

第二章 服务感觉——深入内心

想客户没想到的

对于一名销售人员，不可忽视的一个内修细节便是"想客户之所想"。知晓这一道理的人很多，但真正能做到的少之又少，究其原因是，要想成为一个真正意义上的好销售人员需要苦练几年内功，否则很难真正体悟到其中真谛。

从业一段时间的销售员都知晓，公司想要形成一套完整的营销运营体系，就要不断了解不同时间段的客户的购物理念和消费需求，要经过长时间的积累和打磨。那么，如何才能想客户没想到的，做客户想不到的，给客户意料外的惊喜呢？不妨看看泻利停的营销广告，来体悟其中的一些真谛。

"拉肚子，选好药，选药也要有诀窍——别看广告。看什么？看疗效啊！"这句大家都能随口说出的广告语，让我们看到了当年哈药集团在营销策略和宣传上产生的巨大效果。正因为其卓有成效的宣传，使这句广告语成为了当时的流行语，成就了牢固的、很难被取代的"拉肚子就用泻利停"的品牌印象。

通过这个案例，作为一名销售员，你能体会到哪些呢？我的想法是，在推销商品时，要让客户恍然大悟，感觉"就要用你这个产品"，要给潜在客户一个意料之外的惊喜，让他们在眼花缭乱的同类商品中，摒弃"选择不确定综合征"。

接着，再和大家分享一个和生活息息相关的案例。

大家都知道，味觉在我们体验各种食品的过程中功不可没。为了迎合消费者不断变化的口味，国外的一家公司进行了新调味品的研发。他们通过味道来检测装置，测试新调味品，继而判定这些调味品能否达到符合各个年龄段和不同性别之间，对味道的需求，形成有针对性的特定调味品；同时，还通过电子舌头来测试不同的调味品，力争发现人们万万没想到的美味，再将这种味道反馈给消费者，制造新的味蕾惊喜，形成一种新的饮食风尚。例如，人们对辣味食品的日益渴望，追求最刺激的辣椒油成为一股热潮，美国就有多家商店专门供应火辣的调味品。

好的销售员往往具备一个特质，即在任何客户身上都能够找寻到他们意想不到的"消费点"。比如一对新人进入一家店看衣服，准备租一件婚纱，销售员观察了一下女主人的气质，属于娇小可爱型，于是帮她选了一件小号的婚纱，穿上效果很好，准新娘说这很符合她小时候心目中一直想象的新娘形象。

订完婚纱，销售员与准新娘继续对话。

销售员问："准备好礼服了吗？"

女孩答："没有！父母说买件天蓝色的旗袍，但我感觉不太适合我的身材。"

销售员："现在结婚也不一定要选旗袍，红色礼服也很漂亮。我们店红色的礼服也很多，你看看有没有自己喜欢的？"

女孩试了两件礼服，说果然感觉比穿旗袍要好看，时尚了好多。于是，决定选一件礼服，不选旗袍了。

销售员说："还可以看看长拖，现在结婚晚上都是用长拖。"

女孩试了一件长拖，很适合她的气质。

销售员："长拖的感觉是不一样吧，现在早上一般穿齐地的婚纱简单方便一点，晚上穿长拖更高贵奢华一点。一辈子就这一次，肯定要穿得漂漂亮亮的。想想看，现在经常同一个酒店里好几对新人同时结婚，往门口一站，近看是比长相比气质，远看不就是比衣服嘛。"女孩开始犹豫，旋转身体欣赏镜子中的美丽的影像。

销售员："刚好我们这个月有套系，一次性租三件，一共1899元，比单租要划算很多，而且衣服都在同一家租，拿送也方便。"

女孩用祈求的眼神看着新郎，新郎表态："喜欢就订吧，一辈子就一次，当然要漂漂亮亮，不输给别人。"

最后，女孩租了一件小款齐地婚纱，一件礼服，一件长拖婚纱。

其实，很多时候，卖产品就是卖感觉，越是高档商品，越需要糅合"感觉"的附加值。

好的营业员和销售员总会巧妙地把客户"善变"的被动行为转化为自身的主动应变。他们深知潜在消费者会受到当时的心境、身边人、环境的影响，这时一定要耐住性子，观察他们的购物过程中的每一细节，力求给他们一个"万万没想到"。事实证明，只要给予潜在消费者这种感觉，回报自己的往往是"绝大多数产品都是他们需要的！"

最普通的小事才感人

"平平淡淡才是真",这句话用在营销界,我是这样理解的:生活点滴才是真,身边小事才能见真情。"暖心"的往往不是轰轰烈烈的事,而是为想到了你身边人和自己都忽略的细节,让你有一种被爱护的感觉!

下面,我们就从一组医患关系中感受一下暖心的细节,进而触类旁通,联系到销售过程中是否用"暖心"的举动,激起消费者的购买欲望。

一天,一个中年妇女突然冲进医生办公室,直奔一位医生,开口就问:"你就是张医生?"

"啊,怎么了?"

"你能不能多去看看我姑娘?"张医生一脸懵,为什么要去看看她的女儿?

中年妇女说:"哎呀,我是11床的妈妈,我姑娘说你长得帅,盼着你去查房,能多看你一会儿。求你了,你就多去看看她吧。"

11床的病人是一位可爱的女孩,上天给她这个正值芳华的女孩开了一个残酷的玩笑,让她和白血病不期而遇。张医生是她的主治医生,望着这个可爱的、与病魔抗争的女孩,他被深深感动,本来不是很爱穿衬衫打领带的他,因为女孩觉得他穿衬衫打领带很帅气,便每天换不同颜色的领带。

小姑娘的凝血功能有障碍,每次用针都要忍受一次疼痛,每当她疼得无法忍受的时候，张医生都会出现在她的面前，安慰她，鼓励她，并坐在她床前，陪她聊天。

小姑娘跟张医生说："上天和我开了这么大一个玩笑，让我受到这么痛苦的折磨，唯一让我开心的是遇到张医生你，你让我感觉很暖心，如果有一天我不得不离开这个世界，我希望就在这儿离开！"

现实中，对于一个销售人员而言，不会遇到这种情况，之所以举这个例子，其实是想将销售与消费者之间的关系搞说得形象一点。在这个关系中，有时促成消费的并非商品本身的品质和价值，很可能是一种"暖心"的情感，尊重、或触动内心的某个小举动。

消费者一般都不会拒绝恰如其分的关怀，这无疑成了拉近与消费者心灵的距离、赢得其好感的最好机会。下面就有这样一个例子。

作为商场的销售人员，小白已经习惯了上夜班，迎接那些下班后带着闲适心情逛街的人们。

这一日，一对夫妻来到了店中，小白用她职业性的微笑跟两人打着招呼，为女顾客介绍衣服。第一件衣服，女士说颜色偏暗，不是自己喜欢的色调；第二件，她说颜色有些艳，和自己的鞋子不搭配；第三件，她有点不高兴，反问小白你觉得这个款式适合我吗？

曾经面对过形形色色的客人的小白，早已习惯了这种场面，她依然笑着对她说："姐，您别急，我只是给您介绍一下，我们店当季卖得最好、最流行的款式，穿上去都觉得很漂亮，所以推荐给您。"

听完小白的话，她平静了下来："那我试试吧！"

换好衣服，女士走出试衣间，她爱人看到一个全新的妻子，不停地说："不错，真好看！"

看着镜子里的自己,女士也一直赞叹:"这衣服穿上比陈列着好看!"

随后,小白用最专业的知识讲解了面料成分、设计理念和搭配效果。这时,女士接了个电话,从她的通话中,小白听出她是个生意人,经常需要外出谈业务,于是根据她的工作需要为她搭配了商务套装,尽显商业精英女士的特点,还搭配了易打理、方便携带的旅游套装,适合长途旅行……

在小白的推荐下,女士开始用心试了起来,一晃一个小时过去了,临近午后1点,她和老公说:"饿了,去哪家吃点东西。"小白平时有准备水果和零食的习惯,马上递上了干净的水果。

女主高兴地吃了两个桃子,并夸桃子真甜。最后,小白推荐的9件衣服,她留下了6件!

上面的案例,给人似曾相识的感觉。作为一名销售员,每天面对不同客户,又何尝不是似曾相识!潜在客户面对不同的销售员,面对各种营销手段,同样也是似曾相识,给客户一点儿不同,让他愿意坐下来,静下心来和你聊一聊,听一听,有时一些生活的小温暖、小细节、小事情,反而更容易给他们触动,让他们觉得值得,这就是真性情的魅力。

销售的不但是产品,更是一种情感和沟通的舒适感,这种与其他同行的不同处,这种反差往往能够让潜在客户无形中消除了距离感,愿意多倾听一下你的介绍,让成功促成大单有了进一步的可能。

巧借力拨千斤

有这样一个小故事：

3只蚂蚁想从广州火车站去往北京，蚂蚁甲很勤奋，说干就干，不停地爬，1个月后，蚂蚁甲爬到了浙江，结果累死了；蚂蚁乙很懒，但很聪明，它爬上火车，花费2天时间，成功到达了北京；蚂蚁丙既勤奋又聪明，它花一天的时间爬到飞机场，上了飞机，5小时后直接到达北京。

这个故事告诉我们：个人的能力都是有限的，要想在最短的时间内实现效益最大化，重点并不在于自己的能力够不够，只要将事情做好了，谁又规定只能用自己的能力去完成？同样，成功的企业并不是因为自己能力强，而是善于整合更多的资源。

还有一个故事：

一个穷人在神仙面前痛哭流涕，说："一直以来，我都吃不饱、穿不暖，生活艰苦……社会太不公平了，富人为什么每天悠闲自在，穷人就要每天吃苦受累，我不服！"

神仙问："你觉得怎样才算公平？"

穷人说："让富人跟我一样穷，干一样的活。如果富人还是富人，我就不再埋怨了。"

神仙说道："好吧！"说完，佛祖就把一位富人变成了穷人。

神仙给了他们俩每人一座山,并告诉他们:"你们可以挖煤赚钱!挖出来的煤当天可以卖掉,收入归自己,限一个月内挖光。"

穷人与富人一起开始挖,穷人干惯了粗活,很快就挖了一车煤。在集市上卖掉后,他用这些钱买了很多好吃的,老婆孩子都很高兴。富人平时没干过重活,挖一会儿停一会儿,累得满头大汗,到了傍晚,才勉强挖了一车。在集市上卖掉后,他用这些钱买了几个馒头,将剩下的钱都留了起来。

第二天,为了挖到更多的煤,穷人很早就起床了。富人则去了集市,并带回两个小工。两个小工给富人挖煤,富人站在一边指挥监督。结果一上午,两个小工就挖出几车煤。富人把煤卖掉后,又雇了几个小工。第二天,除了工人的工钱,剩下的钱比穷人还要多几倍。

一个月很快过去,穷人只挖了煤山的一角,赚来的钱都用来买吃食,基本没剩余。富人则指挥工人挖光了煤山,赚了不少钱。之后,他用这些钱投资做起了小生意,经过一段时间的努力和积累,重新变成了当地的富人。

这个故事告诉我们:成功,不在于你能做多少事,而在于你能借多少人的力量去做事!学会了借别人的力,借工具的力,借平台的力,借系统的力,也就找到了杠杆的着力点。

世界汽车销售冠军乔·吉拉德说过:"我卖的不是我的雪佛兰汽车,我卖的是我——乔·吉拉德!"很多公司老总、高层起初创业时,自身就是销售员出身,为成功而穿着,为胜利而打扮,苦练销售技巧,掌握产品专业知识,提升自己的自信度。他们深谙只有自身自信,对自己销售的产品才会自信的道理,最后,打拼出一片属于自己的天地。

对于不同的消费者而言，同一款产品，其重要程度都不尽相同。销售人员针对不同的消费者和消费人群，运用不同的沟通技巧，把握不同的侧重点就显得非常重要。

将价值8000元的一套化妆品摆在3个客户面前，一位是工薪族，一位是千万资产金领，一位是身价上亿的女士。对第一位，要强调这套化妆品可以用多久，有多少优惠，让其产生购买欲望；对第二位则要强调适合，这套化妆品是你们这个阶层的标配；而对第三位则要强调档次、品位和气场等。

这种差异性的营销，同样适用于刚起步的企业。在无法实行举办大型促销、明星营销等"烧金"营销策略时，不妨谋一个好的创意点，找到突破口。比如，为了让自己的产品迅速打进市场，在开业伊始，利普顿公司便别出心裁地买来了几头小猪，用缎带给它们精心打扮，并插上"我要去利普顿市场"字样的小旗，然后赶着它们穿过闹市，让人眼前一亮，引发围观，达到了让商品被熟知的目的。

在当今的市场竞争中，思考"如何以较少的投入获得轰动效果"，已成为许多商家参与竞争、吸引顾客的又一重要举措。针对不同层次的消费需求，策划一些别出心裁的促销妙招，四两拨千斤，就能迅速达到销售目的。

作为一名销售，品牌是你最大的底牌，但品牌终究有档次之分，要想赢下这一单，只能通过四两拨千斤的方式，用一个极致功能力压群雄，找到需要该功能的消费群体。

用感情去服务

销售人员每天都离不开与客户打交道。对于不同的客户，为他们提供差异化、个性化服务看起来似乎并不复杂，其实不然。

零售客户的情况千差万别，不同的零售客户对服务的实际需求不尽相同，营销工作不能依靠行业的特殊性而生硬地开展。例如，有经验的客户经理杨小芳，她从与零售客户同为人母的角度出发，在拜访时常常与客户聊聊孩子的成长、学习等，总能引起客户的共鸣，与客户站在同一角度想问题，往往更能得到客户的理解与支持。

心系企业的客户经理，往往更容易赢得零售客户的信赖。当客户经理的言行体现出对企业文化的热爱时，说明他是专业的、敬业的，需要其提供相关服务和指导的零售客户自然愿意给予更多的信任。与客户"利益同体、发展同向"，多从维护客户利益的角度出发，才能最大限度地提高客户满意度。

比如《别让母亲成为熟悉的陌生人》的一篇热帖出现后，很多企业适时通过H5页面，推出有情怀的文章和促销活动，迅速引起了受众的强烈共鸣，也赢得了大量网友的点赞和转发，达到了免费广泛推广企业和品牌的目的。也是在互联网思维的引导下，才让当下"母亲节"这种本身已经泛滥的、缺乏创意的营销时间点，重新具备了强大的生命力和吸附力，成功地以小成本博取了大效益，促进了客户群高度关注并自发卷入。

顾客买东西固然关心的是品牌、价格、质量和功能等，并大体在脑海中形成暂定的、即将购买的产品的范围。但实际上，顾客绝大多数都是凭感觉来做决策的，否则也就没有导购和高级售货员了。因此，大部分顾客的购买决策是感性的，倾向于非理性的。

对于工业品而言，尽管其要经过选项、测试、讨论、评估等流程才能促成成交，但只要顾客有后续洽商行为的意愿，就能进行下去，所以能否交易成功，客户的感觉是非常重要的。下面就和大家分享一下日本的福袋情怀营销模式。

新年开业的第一天，日本几乎所有店家都会销售"福袋"以回馈客户的支持。这些福袋里面往往会提前装入多种商品，如服装、小电器、化妆品、玩具、零食等，并以优惠的价格销售给消费者，以此来表达对消费者的感恩。

通常购买者会用1元钱购买到3元～5元的商品，甚至更多，让消费者感受到商家利益至上背后的"情感"回馈。当然，情感的回馈也不能局限于让利上，也要体现在给消费者想要的，比如小小的iPod居然能装下1000首歌，iPhone手机只有一个home键和音量键等。

一款畅销的产品、美食等，都是商家"给你想要的"——消费者"这是我想要的"，如何达到这个目标，击中消费者的那个点，也就是一颗有惊喜的彩蛋，这个彩蛋会给消费者某种特殊的体验，某种情感的传递，激起他们心中的涟漪，让其对这个产品备加推崇。

购买过阿芙这一品牌的消费者，很多人都会有一个体会，阿芙的产品赠品真的很用心，他们是投入了情感的，是考虑到顾客拿到赠品时的感受的。当顾客买一瓶精油，其收获的不仅仅是精油，还有各种古灵精怪的小

第三章 服务感觉——深入内心

物件：精油入门口袋书、香熏灯、调配瓶……这些全部单独包装，卡片上，哆啦Ａ梦的设计，更是勾起一大批人童年的回忆，换成是你，会不会特想晒到朋友圈？

与阿芙做法类似，三只松鼠赠品袋里面会有开箱器、垃圾袋、钥匙扣、湿纸巾等附加赠品。让朋友圈中大呼可爱之声不断，要买的呼声不断，这时这颗小彩蛋，就给商家带来了大的惊喜。

从上面的事例可知，卖东西就是卖情感，只有投入情感的销售，才能将对企业、职业、商品的情感，传递给每一个客户，让客户感受到有别于金钱的味道，才能让自己的销售行为成为"暖心派"，让购买者与商品形成共鸣，成为"欢乐派""舒心派"，从而愿意购买，宣扬自己的购买物品。

给客户丝丝暖意

"没有不讲道理的客户,只有不周到的服务。"这句话很好地诠释了"卖产品更是卖感受"、贴心服务的销售和营销理念。举个例子:

一个客户怒气冲冲地走进营业厅,手里拿着手机就面红耳赤地质问销售员:"你们为什么乱收费,我要到工商部门投诉你们,我这个号码从来没有订制什么服务,怎么这个月收了那么多的信息费,还把我的手机停了,你们怎么解释?"

一位居民来到政务服务大厅,情绪很激动地要找值班领导,投诉某某工作人员因工作疏忽,造成其往返好几次。

这时,作为接待人员,你是要与之理论,还是认真倾听,然后微笑解答?显然是后者。问题不是争吵就能解决的,总须掌握来龙去脉,拿出相应的解决办法。这时不妨给这位客户或居民倒上一杯水,并微笑着对他说:"先生,别着急,您的心情我可以理解,我会查询和了解清楚,给您一个满意的答复。"

客户的情绪暂被安抚下来,然后问题也就好解决了。面对耐心解答并解决问题的工作人员,投诉人员大都会表示感谢,并对自己的冒失行为感到愧疚。

对于销售员而言,售后的"贴心"服务是维护客户资源的必备条件之一,其重要性不言而喻，直接关系到现有资源的维系和后续销售的展开。

服务标准化、规范化是星巴克尊重消费者感受的重要手段，他们把良好的服务看作是对消费者的一种回报，认为只有重视服务、了解服务内涵才能了解消费者。例如，因客人自身失误误点了一款焦糖玛奇朵的咖啡，该款咖啡有冷热两款，他并未考虑完善，点了热焦糖玛奇朵，而他喜欢的却是冷的那一款，在服务人员送上咖啡时，他告诉服务员自己误点了热咖啡，服务人员没有任何迟疑，微笑着说："没关系先生，我们马上为您换杯冷的。"客人对其服务感到暖暖的。

在全媒体时代，不要忽视消费者差评的力量和影响，一旦一个负面评价被放大，对相关企业造成的影响是不可估量的。深谙此道的企业，往往非常注重客户感受和售后体验。客户是不缺乏购买渠道的，在全球任何时刻、任何地方都可以实现在线服务、私人订制的时代，又有多少物品是"紧缺"的呢！

对于老客户营销法则，成功的销售人员将其归结为：情感维护、送上温暖、肯于结交、再次购买、善意推荐。

日常拜访，节日的问候，婚庆喜事、过生日时的一句祝福、一束鲜花，都会使客户感到温暖，并且让客户知道，他是企业的重要客户。为了进一步让客户感到温暖，企业可以让客户参与到自身举办的活动中，感受企业文化，和企业形成一种情感的共鸣。

被尊重和享受VIP待遇是每一个人都希望得到的，就好比每一对恋人都希望对方把自己当作王子或公主。企业与客户的关系也不例外，除了是企业标准化服务体系下的一分子之外，客户渴望享受更尊贵的服务。企业想要与客户始终保持亲密无间的关系，有时也要像宠溺自己的恋人一样，拿出有针对性的个性化服务，让其在购买的过程中获得产品以外的良好心理体验。

随着时代的变迁，产品销售从流程化到精细化，服务从标准化到个性化，为了适应这个潮流，越来越多的企业将更多的精力花费在了客户关系维护上。

无论是企业还是销售人员，要更加全面地了解客户情况，从职业、身份、地位到兴趣爱好、家庭关系等，并针对每一个客户的不同情况，不断在服务上做出相应的调整，以此让客户更加感受到企业的关怀和温暖。只有这样做，才能更好地提高客户对企业的好感度和忠诚度，才愿意更多地购买企业的产品和服务。并且，通过忠诚客户的影响，也能带动他们的身边人前来购买，这无形中扩大了产品的受众面，成为产品销售稳中有升的重要保障。

第四章

促销感觉——别具一格

摆脱数字游戏

打折是常规的价格营销手段，7天抢购，最后一天甩卖，全场折上折等，消费者早已习惯了这些营销手段，十之八九都对这种方式不感兴趣。

在促销活动中，很多企业不善于总结经验教训，常以市场不景气、消费者过于理智等原因搪塞。说到底他们忽略了消费者深层次需求。

消费者要的不是便宜，而是"占便宜的感觉"。客户有了占便宜的感觉，就容易接受你推销的产品。在市场上你也不难发现这样一种情形，一旦某种以前很贵的商品开始促销，人们就觉得很实惠。

虽然每个消费者都有占便宜的心理，但是又都有一种"无功不受禄"的心理，所以精明的销售员总是能利用人们的这两种心理，在做生意之前或者生意刚刚开始的时候拉拢一下客户，以此来提高双方合作的可能性。

叶琳娜在一家超市卖丹麦奶糖，她是所有店员中最受欢迎的，许多客户宁可多等一会儿也要在她那里购买。同事们好奇地问："叶琳娜，你是不是给一些常来的客户附赠奶糖了？"

叶琳娜笑着摇头说："这怎么可能呢？这里的秘密就是：你们在称东西时，总是先拿很多，然后再一点点从秤上取下来；而我却不是这样，我每次都是先少拿一点，然后再一点点加上去。这样就给人一种越来越多的感觉，这或许就是客户喜欢我的原因吧！"

叶琳娜之所以如此受客户的欢迎，完全是因为她在销售时顾及了客户的感觉。

贪图便宜是人们常见的一种心理倾向，我们在日常生活中经常会遇到这样的现象，某某超市打折了，某某厂家促销了，某某商店甩卖了，人们只要一听到这样的消息，就会争先恐后地向这些地方聚集，以买到便宜的东西。

物美价廉永远是大多数客户追求的目标，人们总是希望用最少的钱买最好的东西。这就是人们占便宜心理的一种生动的体现。

占便宜也是一种心理满足。客户会因为用比以往便宜很多的价钱购买到同样的产品而感到开心和愉快。销售员其实最应该懂得客户的这一心理，用价格上的差异来吸引客户。

如一些女士在购物买衣服的时候，常常用对方不降价自己就不买来"威胁"销售员，于是销售员最终妥协了，告诉女士"就要下班了，我不赚钱卖你了""我这是清仓的价钱给你的，你可不要和朋友说是这个价钱买的""今天你是第一单，算是我图个吉利"，于是这些女士自以为独享这种低价的优惠满意而归。此种情况并不少见，精明的销售员总能找出借口卖出东西并让客户觉得占了便宜。

在很多世界顶尖的销售员的成功法则中，利用价格的悬殊对比来俘获客户的心是常用的一种方法。优惠是推动销售最有效的方法之一，所以优惠政策就是你抓住客户心理的一促推销方式。大多数客户都只看你给出的优惠是多少，然后和你的竞争对手做比较，如果你没有让客户觉得得到了优惠，客户可能就会离你而去。所以你不仅要注重商品的质量，还要注意满足客户这种想要优惠的心理需求。

优惠是一种手段，说到底是用损失一些小利益换来大客户，还是有利润的，不然商场里也不可能经常有"买就送""大酬宾"等活动。当然，在优惠的同时，销售员还要传达给消费者一种信息：优惠并不是天天有，你很幸运。这样，消费者的心理才会更满足，他们才会更愿意再次购买，反之则会出现以下情况：

面对促销，消费者觉得商家诚意不够，购买欲望全无，因为有些促销跟没促销看不出差别，比如某电子书阅读器，在电商平台的年度大促销活动时，只降价1元，却称为"促销价"或"超值价"，这就让消费者很诧异，难道让利1元也是折扣？还是看看其他品牌吧。从我个人角度认为，这是数字心理游戏玩得很糟糕的例子，与其这样，不如不要做。

让客户感到优惠

销售人员其实最应该懂得客户占便宜的这一心理，用价格上的差异来吸引客户。花 100 元买 130 元商品，这种"错觉折价"等同打 7 折，却告诉顾客是优惠而不是折扣；"15 分钟内所有货品 1 折"，客户抢购的损失是有限的，但客流却带来无限的商机；"几款价值 10 元以上的货品以超值 1 元的活动参加促销"，虽然这几款货品看起来是亏本的，但吸引过来的顾客带来的连带销售，利润却是反增不减的。

让客户感受到实惠的方式很多，高定价高折扣是一些商家常用的手段，这个手段看似拙劣，但不可否认的是，总会有一些消费者在不知情的情况下，让实惠蒙蔽了判断能力，开心地购买。

有这样一个故事：

古时候有一间卖衣服和布匹的店铺，铺里有一件珍贵的貂皮大衣，因为价格太高，一直卖不出去。后来店里来了一个新伙计，他说他能够在一天之内把这件貂皮大衣卖出去，掌柜的不信，因为这件衣服在店里挂了三个多月，人们都只是问问价钱就摇摇头走了，怎么可能在一天时间里卖出去呢？

对此，伙计只有一个要求，掌柜的要配合他的安排，不管谁问这件貂皮大衣卖多少钱，一定要说是 800 两银子，而其实它的原价只有 400 两银子。

二人商议之后，伙计在前面继续招待客人，掌柜则在后堂盘账，时间很快就到了下午，一位妇人来到店里，转了一圈后，便对那件卖不出去的貂皮大衣产生了兴趣，向伙计询问价钱。这时伙计继续忙自己的事情，假装没有听见，妇人只好加大嗓门又问了一遍，伙计才装着反应过来。

他对妇人说："不好意思，我刚到店里，耳朵有时还不灵，这件衣服多少钱，我得先问一下掌柜的。"

说完就冲着后堂大喊："掌柜的，那件貂皮大衣多少钱？"

掌柜的回答说："800两！"

"多少钱？"伙计又问了一遍。

"800两！"

掌柜的声音很大。妇人听得真真切切，心里觉得太贵，不准备买了。

而这时，伙计憨厚地对妇人说："掌柜的说400两！"

妇人一听心里难免小激动了一下，这个伙计耳朵果然不灵光，再次问"是400两吗？""是的"，伙计认真地回答。这时妇人连忙拿出400两的银票给伙计，她害怕掌柜的出来，就不卖给她了，因此赶忙付了钱，然后匆匆地离开了。就这样，伙计很轻松地把滞销了很久的貂皮大衣按照原价卖了出去。

在推销产品时，很多商家和销售人员都利用客户占"便宜"的心理，使用价格的悬殊对比来促进销售，这已经不是什么秘密了。利用价格的悬殊对比来俘获客户的心，让大多数客户都只关注优惠多少，一旦客户觉得得到了优惠，就会立马下单。所以作为一名销售人员，不仅要注重对商品的质量的阐述，还要满足客户这种想要优惠的心理需求。

即使你推销的产品在某方面有些不足，也可以通过某些优惠让其满意而归。如果客户对推销的产品产生质疑，聪明的方式是倾听不加以反驳，因为你的反驳是在否定客户的专业性，让人觉得你是在掩饰自身的缺点。你要做的是亮出产品优点，以此弥补这个缺点，这样客户就会觉得得到了正视和尊重，会加快他下决心购买的速度。

在价格实惠的基础上，数量实惠这种常规手段，在特殊的操作模式下，有时也会收到奇效。有这样一个例子：

有一个袜厂积压了5000双棉袜，两年了都没有处理出去，后来厂里新任销售经理想出了一个办法，他们给全国100家批发商分别寄去一包样品袜子，每包装50双，但是发货单上写40双，价格也按照40双来算。货物寄出后，退货的寥寥无几，积压多年的产品也成功清仓。

客户买产品有时候买的就是一种感觉，就好像这个袜厂一样，给了批发商"占便宜"的感觉，所以产品是不是他们需要的都忽略了。

折后再去店中购买，已经成为大众对于购买不急需用品的常态思维，一旦出现内心认可的"便宜"，本想买一只杯子的客人，可能不知不觉又买了几个杯垫、买了一套餐具，等等，等他回到家后方才发现，这些物品家中已经有好几套了，很多至今还在储物柜中。回想起来，当时为什么要购买呢？还是觉得便宜，存有"今日不买就吃亏"的心态。

只要使消费者产生"只有一次"或"最后一次"的意识，他们就会有比别人占了更多便宜的感觉，从而使成交变得容易。

举个例子来说，今天要把一份保险推销给某一个客户，当你拨通对方电话时，一听到保险对方会很不耐烦，原因是在你之前至少已经有5个、10个保险代理人拜访过他了，所以他刚开始拒绝你，是一件很正常的事情，因为他已经接受过太多的人，甚至知道你下面要说什么，所以你要做的就是消除推销的初衷，转而从"让客户产生占便宜的感觉"下手，只有这样才能让其愿意倾听下去。

这就好比同在一家商店的售货员，有的很受欢迎，回头客很多；有的售货员的回头客却寥寥无几，不是因为受欢迎的售货员给了顾客多大的优惠，而是让顾客切实产生了享受优惠的感觉。对于好的销售人员而言，卖商品首先卖感觉，让客户产生了占"便宜"的心理之后，才去尽情展示产品的实用价值，让潜在客户变成客户，让客户成为"回头客"。

给客户个性和创意

发个红包,在现实中已经是一件很普通的事了,就好比商场打折一样,哪天都会有几家在打折,当不加以包装设计,根本无法起到聚拢人气的效果,很多人都会因为步骤烦琐,需要注册、加关注而放弃参与。不得不说,红包虽好,人人喜欢,但巧送才是最重要的。

每一个客户作为一个单独的个体,都拥有其独特的性格、心理和气质,销售员在销售过程当中也不应该用同样的方式去对待所有的客户,应该针对不同客户的不同特点,因人而异,随机应变,选择有针对性的销售策略,给客户所需的个性化服务和创意,促成交易的顺利进行。

杰克是一位白酒销售人员。他在与客户交往过程中总是会适时地找到共同话题,他就是凭借这种共同话题征服了一个又一个客户。

一次,经理派杰克去攻克一位叫兰迪的客户,这个客户几乎让公司的销售人员全军覆没。于是杰克精心准备一番,就去拜访那个客户了。

但杰克并没有直接去兰迪的办公室拜访,而是在他办公室附近的咖啡厅订了一个座位,然后打电话把兰迪约了出来。坐定之后,杰克并不着急向对方推销白酒,而是从兰迪的文身入手打开了话题。原来兰迪还有一个身份,那就是文身师。两个小时过去了,他们还在兴致盎然地聊着,双方都好像碰到了知己一样。最终，杰克轻松拿到了订单，还与兰迪成了好朋友。

可见，与不同客户打交道就是要打破常规，不走寻常路，只要你运用的方法恰当，再难的订单也会手到擒来。

与客户谈话的内容，大部分会离工作很远，客户一般喜欢抒发个人感想，对奇闻异事以及一些新鲜时髦的话题高度关注。有些客户个性比较自由，个人想法比较多，喜欢广交朋友，是处理人际关系方面的高手。

与这类客户沟通时，你会发现，他们根本不会注意所推销产品本身的质量及特性，他们关心的问题是哪类人在用它，如果他的朋友或者是同行业的竞争者在用你的产品，那么，他很可能也会购买你的产品，因为这类客户往往会把这种购买活动当成是体现其地位以及身份的象征。这种类型的客户在购买名表名车的时候，对产品的使用功能往往会被忽略，他们注重的是这些产品是否可以体现其身份。

这些有鲜明个性的客户，在他们购物的时候，总是喜欢比较另类、大多数人不曾购买的东西。这类客户大多拥有着较为强烈的好奇心，并乐于接受新事物。他们之所以购买那些比较另类的东西，一方面是因为自己的爱好和兴趣，另一方面则是为了追求独特，他们希望得到别人的重视，希望通过不一样的服饰或者装扮使自己显得与众不同。

因此，销售员在面对这种类型的客户时，要学会适当地予以认同，譬如说"小姐，您穿上这件衣服真有个性，有一种与众不同的感觉""您真有眼光，这件衣服是新货，您可是第一个购买的"。当有个性的客户听到这样的话后，心里一定会很高兴。

有一位年轻的女士来到服装店准备给自己选购一款比较合适的风衣。

她边走边看，终于在一件设计比较时尚、个性的风衣面前停下了脚步。销售员见状就走上前对她说："小姐，喜欢的话可以试穿一下，我看您的身材比较高挑，这件衣服一定可以显出您优美的身材。"

这位年轻的女士挑了一件试了试，脸上露出了满意的笑容，并询问销售员衣服的价格。销售员回答说："5080元，而且因为店庆的原因，如果您现在购买的话还可以给您打九五折，我看这件衣服特别适合您，建议您购买一件吧！"年轻的女士很爽快地回答说："好的，这件衣服我要了！"

销售员见生意谈成，心情也是非常高兴，她边包衣服边恭维地说："小姐您真是太有眼力了，很多人都喜欢这种款式的。"

"哦，是吗？"那位小姐听了这话以后，沉默了一会儿，然后微笑着对销售员说，"不好意思，我想我还是不要了吧！"

那么，到底是什么原因让销售员到手的生意瞬间告吹了呢？究其原因就是她没有弄清楚客户的类型，说错了话。在上面那个案例中的女士属于标新立异型的客户，穿着讲究与众不同，这种类型的客户最不能容忍的就是和其他人穿着一模一样的服装。试想面对着这样的客户，销售员最后的那句恭维话怎么能不使生意泡汤呢？

所以，销售员在推销过程当中，要善于从客户的言谈举止中发现其心理倾向，然后再针对其心理倾向寻找突破口，使客户满意你的产品和服务，否则很可能因为一句错误的推销语言而使生意泡汤。反之，当客户在购买时获得销售员的注意和认同，就会感到愉悦，也就比较容易接受销售员的意见了。

在销售工作中，好的销售能够激起客户的好奇心，客户有了好奇心，对产品也会产生浓厚的兴趣。面对有个性的客户，销售员自己也要变得有个性，这样才能和他们走到一起，他们才会认为你是同道中人。试想，你西装革履地去拜访一位穿着随意、不修边幅的客户，到时候不要说客户，就是你自己也觉得格格不入。

第四章 促销感觉——别具一格

让你找不到拒绝的理由

当下，对于新生贵族品牌或"爆款"商品，很多商家喜欢运用"限量供应"策略，目的是给犹豫的消费者一个"千万别错过"的暗示，给人一种"错过"即失去的感觉。

在挑选商品犹豫时，我们经常会遇到营业员这样的提醒：这款卖得很好，就剩这几件了，仅限今天折扣价等，让自己产生这样的心理：错过今天再买可能会花高价或者购买不到。为了不留遗憾，立马就决定下单购买了，这就是"限量"带来的实际效应。但要注意的是，这种方法不宜经常使用，否则就会失去新鲜感。总之，只要使消费者产生"只有一次"或"最后一次"的感觉，或有比别人得到更多优惠的错觉，成交就会变得容易。

优惠是每个消费者都想得到的，但内心还会有另一个声音，叫作"无功不受禄"。优秀的销售人员，总是可以捕捉到这两种近乎矛盾的心理，在合作前或者合作初始与客户进行一些互动，比如送客户一些精致的礼物或请客吃饭，以此来提高双方合作的可能性和延续性。

如果你做了网上订花的电商，类似于美国的 Pro Flower，就应该在客户购买鲜花时，彬彬有礼地回应。在重要的节日、VIP 客户登记的纪念日里给用户发去提醒的邮件，并推送时新的鲜花信息。在合适的时间给目标客户推送产品的相关知识，例如，在邮件中写道："薰衣草的花语是：

等待爱情。"

哈根达斯冰淇淋"爱她，就请她吃哈根达斯"的宣传语，也开启了宣传推广的撒娇模式，成为利用这种心理的经典案例。因为，这句话会让男人们骑虎难下，暗示着"不请她吃哈根达斯，就证明你不够爱她"。

有句话叫"与其被动挨打，不如主动出击"。哈根达斯这句广告语，让那些聪明的男人学会"主动出击"，女友还没开口前，就主动邀请女友去吃哈根达斯，把哈根达斯冰淇淋变成一种表达爱意的"礼物"或"惊喜"。这就是为什么如此贵的冰淇淋居然能够活到现在的原因之一。由此可以看出，撒娇营销其实是一种心理游戏，是利用暧昧、好面子等心理因素，让人"别无选择"地购买的促销行为。

对于撒娇模式的另一种运用便是增加趣味和娱乐元素，一个小小的举动，为什么会引起这么大的反响？现在的社会，是全民娱乐的社会，谁要是能够把自己的营销活动与娱乐活动巧妙地联系在一起，谁就会赢得消费者的关注，甚至可能赢得他们的参与。

白酒的最好促销时机是春节前夕，月饼的最好促销时机是中秋节前夕，那么，"撒娇营销"的最好时机呢？我认为，情人节和七夕节，甚至光棍节，是做"撒娇营销"不错的时机。每当到了这些节日的时候，恋人们似乎一致认为"互相表白的机会到了"，于是各种各样表达爱意的礼物和行动如雨后春笋般地冒出来。

"撒娇营销"的本质是情感营销，取得良好效果的关键在于体验制胜，换句话说，就是你的情感让对方能够体验到。正如黄晓明在影片《撒娇女人最好命》中的台词"江山如此多娇，就看你会不会撒娇"；"撒娇营销"成功的另一个关键在于营造一个浪漫的撒娇氛围。若在错误的当口，采用这种营销模式,不但没有效果,反而会画蛇添足,起到反效果,甚至会导致变相降价,损害品牌,所以说"撒娇"虽好用,用之要慎重!

任何一种营销理念,一旦落实到方法层面,都要经历一个实现交易、促进销售的过程,且该过程还可以复制,"撒娇营销"也不例外。下面,就来介绍三个跟"撒娇营销"有关的落地方法。

1. 巧用面子,由"物"变"礼"。"撒娇营销"是一种心理游戏,利用消费者的暧昧、好面子等心理因素,就能让他们"别无选择"。

前几年,内衣品牌Triumph(黛安芬)在日本曾推出过一项"撒娇营销模式":女性在其网站上挑选喜爱的商品放入"撒娇购物车",填好自己的收件地址,系统就会发送到男友邮箱,男友可以选择"付款"或"拒绝"。其实,该方法的奇妙之处就在于"撒娇购物车"。如果是没加"撒娇"二字的普通购物车,男友通常都不会心甘情愿地付款。"撒娇"二字把一个"玩闹"行为在无意间转化为"消费"行为,把简单的物品销售变成了礼物销售。

单纯的内衣只是一种产品,但如果某内衣是女友喜欢并想买的,立刻就能变成"礼品"。为"产品"支付和为"礼品"支付,感觉肯定不一样。另外,虽然网站给男友提供了"付款"和"拒绝"两种选择,但其实这也只是一种检验,是以一种调皮的方法检验男友的"爱"与"气度",给男友提供了一个"不得不买单"的理由。

2. 融入娱乐元素,刺激消费。要想做好撒娇营销,要想刺激消费,就要跟"娱乐"结合起来,让"撒娇"娱乐化,让"娱乐"情感化。

某年"七夕节",黄太吉餐厅曾搞过这样一个活动:恋人只要在黄太吉的柜台前互相亲一下,就能得到一个豪华版煎饼。活动一经推出,就成为年轻人热议的话题，很多人都在自己的微信和QQ群里传播这个消息，众多媒体也纷纷报道黄太吉。

这个小举动之所以能引起巨大的反响，就是因为黄太吉在"撒娇营销"里加入了娱乐元素。如今，很少有餐厅会举办这种"互相亲一下就送东西"的活动。人们感到好奇，好玩儿，愿意谈论，自然也更愿意传播。

全民娱乐的社会，只要将自己的营销活动与娱乐活动巧妙地联系在一起，就能赢得消费者的关注，也能赢得他们的参与。

第五章

销售感觉——将心比心

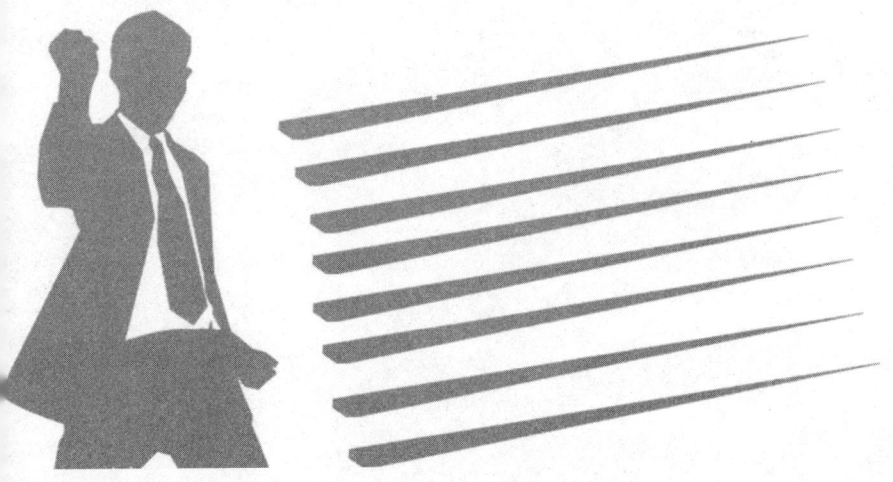

让客户感受舒适的"热情"

热情是一名销售员的必备条件,人们常说伸手不打笑脸人,即使你语言笨拙,只要露出让人舒服的微笑,能与对方热情相待,也一定能打动对方。客户不是为你的推销技巧所感动,而是为你舒适的"热情"所打动。

热情代表了一个人对所热爱的事物的倾心度。适当的热情加上舒适的真诚,是一个销售员拥有的最珍贵的工作品质,它能激发一个人不断地去追求自我的超越,形成自己的气场和魄力,向着既定的目标前进。

一个热情的人,更要学会控制自己的情绪,学会忍耐,因为只有好脾气的人,才有令人感到舒适的真诚笑容。通常热情又真诚的人,无论走到哪里,都能散发出独特的魅力,征服所有偏见和敌意,让客户打开心扉,畅所欲言,最终使交易成功。

正如美国著名作家爱默生所说,"没有热情,任何伟大的事业都不可能成功"。我想说的是,只有热情,却无法给客户舒适感的人,有时会让客户无所适从,甚至有一定的排斥感,因为每一个人都习惯与陌生人保持一定的安全距离。因此,一名优秀的销售员要懂得掌握"热情"的分寸,给人以舒适感,才能有助于交易成功。

美国商界女强人玫琳凯·艾施在谈起自己的销售诀窍时,强调了让客户感受"舒适的热情"的重要性,她觉得自己并非比别人更有才能,之所以能取得一定成绩，是源于自己热爱销售工作，比他们具有更多的令人舒适的热情。

热情对于销售员而言，十分重要！当你用发自内心的、令人舒适的热情推荐自己的产品时，你会发现，你的热情是可以感染你的客户的，他们会因此接受你所销售的产品。凯瑞是一名中央空调的销售员，他几次去拜访某商业中心的负责人，希望其能采购自己推销的空调，但效果并不是很好。

第一次直接吃了闭门羹，第二次虽然见了面，但对方一直在打电话和看业务报表，他甚至都没有机会坐下来聊几句，对方就以事情太多，下次再聊送了客。但是凯瑞并不甘心，这一天他又来拜访这位负责人，恰好碰上该负责人正在愁眉苦脸地装一款软件，于是凯瑞主动上前帮忙。凯瑞的热情和善意让该负责人心生好感，于是便在忙完之后和他坐在一张沙发上聊起天来，最后愉快地同意试用他的空调设备。

现实生活中，令人舒适的热情是具有感染力的一种情感，他能够带动周围的人去关注某些事情。当销售员用舒适的热情去和客户交流时，你的客户也会"投之以李，报之以桃"，给你一个推销自己产品的机会。

如果某件事让你特别兴奋，那就要充满热情并且条理清晰地表达出来，让你的听众感同身受。记住，"如何去说"和"你要说什么"是一样重要的。热情能让你与众不同，它是言语自信的表现。善用积极向上、充满热情的语言，就能充分让别人感受到你的自信和善意。因为一个待人热情的人一定是内心充满正能量的人，而这种正能量则可以散发出强大的气场和魅力，令对方不由自主地受到感染，从而被打动、被说服。

热情是"内心的神"，可以帮助我们得到更多人的喜爱与帮助。就像卡耐基所说的，"制约一个人成功与否的因素有很多，热情则是其中最重要的一条。没有热情，能力再强也不可能成功"。我们来看下面这样一个例子：

周兵想换台电脑。一天中午，他到了电脑一条街，走进了一家看起来比较大的店。

当时，店里的人很少，周兵看了半天，才发现一个营业员正趴在柜台上打瞌睡。

听到声音，营业员抬起头，看了一眼周兵，有气无力地问："买什么？"

"我想买一台电脑，你们店里有什么品牌？"

"喏，都在那边，自己看吧。"营业员懒洋洋地说。

周兵走到柜台旁看了半天，不好意思地对营业员说："我对电脑不太了解，你能给我简单介绍一下这些品牌吗？或者推荐一下也行。"

"买东西要看个人喜欢，我喜欢不一定你也喜欢。旁边的牌子上都有简介，你自己看吧。"营业员有些不耐烦。

周兵有些生气，扭头离开，走进隔壁一家门面不太大的电脑店。

刚进门，一声响亮的"欢迎光临"传来，吓了周兵一跳。他定睛一看，一个小伙子正满脸微笑地看着他，并热情地向他伸出手："请问，有什么可以帮您？"

周兵略一点头，对小伙子说："我想买电脑。"

"请问您是自己家用，还是单位用呢？我可以给您推荐一下。"

"是我店里用。"周兵回答。

"店里使用，通常不需要太大的内存和硬盘空间，不打游戏，配置也不需要太高，不需要买特别贵的。另外，我不知道您喜欢什么品牌，如果不一定非要品牌机，您可以买组装机，稳定性和速度都不比品牌机差，价格却不到品牌机的一半，性价比高，适合门店使用。"

小伙子的热情感染了周兵，他饶有兴趣地和他讨论起电脑知识，小伙子不厌其烦地给他讲解。时间过得很快，周兵看看手表，故意说："哎呀，看来今天来不及买了。"

"没关系。"小伙子爽朗地说，"您下次什么时候来都可以，即使不买也没关系，就当交个朋友！"

周兵笑了起来："跟你逗着玩呢！说实话，我很喜欢你的工作态度和接人待物的方式，冲这一点，我也得把电脑订下。这是地址，明天上午送30台电脑到我公司。"

第二天，当隔壁的营业员得知昨天那个中年人一下子订了30台电脑时，一句话也说不出来。

热情，可以为自己带来更多的希望，可以创造更多的奇迹。第二家电脑店的小伙子就用事实验证了这句话。不需要劝说消费者按照你的意志行事，只要拿出足够的热情，他们就会不由自主地接受你的建议或意见。

所以，要想将消费者吸引过来，就要对人对事都充满热情，用积极向上的态度去与他们沟通、交流，把自己对他人、对品牌、对人生的热情全都激发出来，同时将这份热情传递给消费者。

让幽默化作与客户的熟络

很多成功的销售人员将"口才"作为销售成功的必要条件,这没有错,但要怎样定义口才的好坏呢?毕竟不是能说会道就是好的销售口才。不管怎么说,好的销售口才一定不能缺少了幽默。拥有幽默天分的销售员,往往更容易拉近与客户的距离,消除与客户之间的陌生感、距离感、戒备感,使整个交流过程轻松愉快。

对于一名销售员人而言,往往要面对激烈、更复杂的竞争环境,很多时候,都需要采用幽默的方式来化解尴尬和走出逆境。有时,一笑置之、自嘲一下是使自己从窘迫中跳出来的最好办法。毕竟幽默的语言,不仅能让对方产生好感,同时也可使你在客户心中留下很好的印象,成为调节双方感情和情绪的"润滑油",能够为自己在客户心中的分量加码,为赢下订单打下坚实的基础。

我们都知晓,幽默是打开陌生人心扉的重要手段,是传递友谊、增进信任的通道。对销售人员来说,适当运用一点小幽默,便可消除客户对自己的提防心理,为最终打开销售的大门提供了强大的助力。

一对年轻的夫妻来到售楼中心准备购买复式的洋房,销售人员安澜接待了这对年轻夫妻,并带他们去看了心仪楼层的房子。在前去看房的路上,他一直在讲解这套房子的好处,地段好、绿化好,等等,还表示买这里房子的人，都是高端人士。

正在安澜讲得兴起的时候，有一名业主却恰好在搬家，这让安澜有些尴尬，但他很快就调整了状态，开玩笑地说："这位是一名理发师，因为很长时间都没人光顾，开始怀疑自己的理发技术无法配上这里的高端人士，于是决定到别处谋生了！"

听到这，这对年轻的夫妻笑了起来，原本冷漠的神情也放松了不少，与安澜聊的内容也渐渐多了起来。最终，这对夫妻购买了房子。从这个案例，我们可以看出，在销售过程中运用幽默是很有成效的。

适时幽默可以发展客户，巧妙运用幽默可以消除与客户之间的距离感和戒备感，缓解尴尬的气氛，打开话题，进而促进产品推广的成功。

作为一名销售人员，拥有什么样的心态，决定着你可以取得什么样的业绩。很多成功的销售人员在谈到自己的成功时，都会提到"以积极的心态应对失败，才能够激发聪明才智"这句话。如何展现自己的睿智和小幽默往往体现大智慧，每一个成功的销售人员除了有绝对的自信外，还需要具有不错的幽默才能。

跟幽默的人聊天是一种享受，轻松、愉快，多数人都喜欢和幽默的人沟通交谈。同样，幽默在销售过程中的作用不可忽视。在向客户介绍产品的过程中，语言中多一些幽默色彩，就能消除客户心中的紧张和疑虑，让谈话轻松一些。这也是吸引客户注意力、获得客户好感的方式之一。

用幽默吸引客户，让他们对你的产品感兴趣，离销售成功也就更近了一步。那么，如何才能运用好幽默，赢得顾客的好感呢？

1. 用幽默语言打开话题。销售，看重的不是销售员的颜值，而是能力。即使是长相普通的销售人员，也可以将业绩做好。比如，当陌生客户盯着你看的时候，可以微笑着说："你们见过长得像我这么丑的销售员吗？"

听到销售员这样调侃自己，客户多半都会觉得你很幽默，很随和，自然也就愿意听你介绍产品。

2. 用幽默语言消除尴尬。跟陌生客户交谈，为了减少尴尬，可以巧用幽默的话语，活跃气氛。女顾客带着丈夫到商店买衣服，店员甲介绍了一套西装给男士，并对女士说："这套衣服很适合您爸爸穿。"男顾客听了很尴尬，脸立刻就红了。旁边的店员乙发现了问题，立刻上前搭话："小姐，这位先生穿上这套衣服，精神很多，显得很有品位，跟你站在一起就像总统和总统夫人一样。"女顾客转怒为喜，还跟店员乙说："你真幽默，看来我不买都不行了。"

3. 用幽默的语言引导客户购买。客户是否购买产品，要看销售人员如何去引导，尤其在客户对产品并不了解的情况下，唯有销售人员向客户详细介绍产品的特性、使用方法等，做出一步步的引导和讲解，才能让客户对产品产生兴趣。在引导和讲解产品的过程中，融入幽默的语言，就更容易获得客户的好感并成交。

4. 用幽默语言促成客户下单。成交是销售过程中的临门一脚，在产品和服务相同的情况下，能否快速成交，很大程度上取决于销售人员的说话技巧。熟练运用幽默的语言技巧，就能快速成交。

小王在向老人推销老花镜，眼看就要成交了，老人看到小王手背上有一块刺青，立刻就说不买了。小王意识到老人在盯着自己手上的刺青看，就说："低价未必没有好货，跟我手背上有刺青一样，有刺青不一定是流氓，岳飞也有刺青啊。"听小王这么一说，老人也乐了："不错，我买了！"

不会开玩笑的人，是没有希望的人。销售过程同样需要多点幽默，如此不仅能为客户带来快乐，还能营造愉快的氛围，成功地销售出产品。

让顾客享受到"上帝"的权利

众所周知，商家开店，顾客讨价还价，都是很正常的事。作为商家，对待顾客，理应要做到热情服务、诚信服务、周到服务，如此，顾客才会络绎不绝，顾客才会成为回头客，生意才会红火。

现在很多商家整天抱怨生意难做，钱难赚。商家不在营销方式上动脑筋，没有真正把顾客视为"上帝"，自然也就无法赢得顾客的心，更无法把生意做活做大。

一次，小珂路过一家服装店，看到新款衣服到货，便走进去想买一件衣服。

小珂看中了一件标价580元的衣服，便和店主讨价，问："400元卖不卖？"

不料，店主竟摆出一副爱搭不理的样子，拉着脸，一副蔑视的神态，没好气地应道："我们这里所有服装都是明码标价的，少一分也不卖。"说完，便自顾做自己的事了。

看到店主讲话如此神气，全然不把"上帝"放在眼里，小珂一气之下便甩头离开，说以后再也不来这家店了。

俗话说："善待他人就等于善待自己。"因此，为了提高销售量，一定要尊重顾客，善待顾客，要视顾客为"上帝"。可是，如今很多商家虽明面上把顾客比作上帝，在实际动作中又有多少顾客享受到了上帝的权利呢？

销售常说客户是上帝，又有多少人让客户体会到上帝的感觉呢？卖商品不如卖感觉，卖怎样的感觉呢？上帝的感觉一定是其中之一。一个人不管地位高低，财富多寡，爱面子的心理是一样的。因此，在销售中，要平等地对待每一个顾客，不能以貌取人，不能"势利眼"。每一个客户都是我们的上帝，对待上帝一定要用心服务，细心维护与客户的关系。

在中国，很多人把脸面看得比任何其他世俗的财产都宝贵。确实如此，在中国社会中，面子代表着体面、人格，甚至尊严。这一心理在商业合作以及客户消费行为中体现得尤为突出，当你为客户留下足够的面子时，对方也会顾及面子而对所需的东西买单。

对于客户好面子的特点，销售者要善于抓住这个机会，及时给足客户面子，只有这样，才能让他的内心得到满足，一旦客户的虚荣心得到满足，就会心满意足地签单。

经常面对各种客户的销售会发现有些客户很讨厌争辩，即使自己错了，也不需要一个自作聪明的销售员来告诉他。一旦争论不休，这一单也就泡汤了，因为没有人会和上帝争辩。由此可见，在面对客户的责难或者不信任时，销售员最好的办法就是顺从客户的意思，用现实的结果来证明给他看。

销售员一定不要回避消费者的争辩，只有这样，消费者才会感觉自己受到了重视，保住了面子，感受到了上帝的感觉。通常，客户不容许销售人员对他持怀疑态度，一旦出现这种情况，他会立即想办法证明你的怀疑是错误的。

从这方面来看，在销售过程中，如果能学会主动给足客户面子，可以帮助销售员和客户建立良好的人际关系，对销售员以后的工作来说也是大有裨益，因为客户会觉得和你合作是一件有面子的事，可以享受到上帝的权利。

例如，我们熟知的乔·吉拉德，被列入吉尼斯世界纪录大全中的世界上最成功的销售人员，他在15年间，推销出去了13001辆雪佛兰汽车，这样的销售效果，至今无人能破。

下面就和大家说一个乔·吉拉德成功的推销案例。

一天，乔·吉拉德如平时一样来到展销厅推销他的汽车。一位中年男士走了进来，他希望买一辆红色的福特车，因为他的爱人喜欢红色，过几天是她的生日。刚才在对面车行时，那里的销售员告知他没有，必须等半个月才行，所以他到这里碰碰运气，毕竟过几天就是自己爱人的生日了，如果实在买不到红色的福特车，他只能买其他红色的车子了。

聊天中，吉拉德得知这个中年男士的购车目的。"哦，先生，首先祝贺您的夫人生日快乐！她一定是一位幸福的女士。"吉拉德诚恳地向中年男士表示祝贺，随后便带这位男士进入接待室，并递给他一份新车的资料单，让他先看看，然后出去了一下。

三分钟后，吉拉德又回来对那位中年男士说："先生，您喜欢的颜色是红色吗？那现在我给您推荐一辆我们的新款汽车，希望您能喜欢。"

说完这句话，一位女工作人员走进来，拿着一瓶红酒送到这位男士手中，笑着对他说："我想在您和您夫人的烛光晚餐上一定需要一瓶充满爱意的波尔多红酒。"

中年男士先是很吃惊，继而非常感动地说："谢谢，下面我们聊一聊新款红色雪佛兰吧。"最后，中年男士听从了吉拉德的建议爽快地签了购车的订单。

从心理学的角度讲，渴望被人尊重是一种很普遍的心理需求。消费者和客户尤其看重销售员对自己是否足够重视与尊重。正所谓顾客就是"上帝"，作为"上帝"，他们当然希望你能给他们关怀和实惠。不要只把"上帝"放在嘴边，即使是表面上的功夫，也要表现得真诚一点，你要适当地送给"上帝"一些实惠才行。

销售商品是为了赚钱，这是不容否认的事实，但是若只看到"钱"，而忽视了对人的尊重，忽略了传递给客户一个信号——你可以享受上帝的权利了，这样的销售员始终无法达到新的高度。因为只有维护好客户的尊严，才能与其处理好关系，最终实现销售的成功。

让客户感受到你在为他着想

有很多专家学者、商界经营者和伟大销售员都会总结自己的成功销售经验和沟通技巧，阐述推销需要注意的细节。在我眼中，有一点非常重要，那就是让客户感受到你在为他着想。

在充满利益和金钱味道的商业活动中，能让你的客户感受到你在为他着想，在任何时候都会赢得对方好感，让其感受到难得，认为值得与你长期合作。在推销活动中，多为客户着想，懂得转换身份立场，将心比心，站在客户的立场来思考问题，多了解客户的想法，不仅仅有益于你和客户沟通，沟通的顺利程度也将超出你的想象。

实际上，要让客户相信你，最简单的方法就是帮他做出正确的决定，让他觉得你是站在他的角度思考问题，在为他着想。作为一名销售人员，如果能够将客户所面临的问题当作自己的问题来解决，为客户提供增加价值和更加省钱的方案，这样的销售，是一定会受到客户的欢迎的。时时刻刻为客户着想，站在客户的立场上看待问题，帮客户想一下怎么才能够省钱，同时自己还能够从中赚钱，这件事说起来容易，做起来并不容易。

在保证自身商业利益的同时，合理地处理好这对矛盾体，需要合理地做出取舍，因为只有懂得"舍"的销售员，才能赢得对方信任，让对方觉得销售员是在为自己着想，对方也才会希望继续合作。正是这种有信任的多次合作，让自己可以细流汇成大河，获得真正的大利益。下面这个事例，就可以说明这个问题。

韩先生随旅游团到了日本，他在东京的一家礼品店选中了两个玩具：一个非常漂亮的布偶，一艘海贼王的帆船。于是，他向店员询问价格。

店员却反问："先生，您来自中国吗？"

"是的。"韩先生疑惑地问，"难道中国人买这些有区别吗？"

店员笑着说："先生，您不要误会，我的意思是如果您来自中国，我建议您就不要买这个毛绒布偶了！"

"为什么？"

"因为它是中国生产的。"说完，店员把"中国制造"的标识展示给韩先生看。

店员接着说："您可以买这款火影的玩偶，这是刚刚上市的，国外还没有卖，我看你买了海贼王的帆船，这款估计你也会喜欢。"最后，在这位店员的建议下，韩先生买了几组玩偶，准备送给朋友。

成功的销售员在为客户服务、向客户推销产品时，要学会站在客户的立场上，了解客户的真正需要，只有双赢才是持久之道，才能将你与客户之间的关系拉得更加紧密。

要使客户与你开心地合作，最重要的就是要学会站在客户的立场上，为客户设身处地地着想。只有站在客户的立场上，你才能掌握客户的真实意图，才能明白客户的需求，推销工作才能顺利完成。

销售员与客户之间的关系不是对立的，而是相互依存的，互利互惠的。只有看到这一点，销售员才能直中要害，赢得订单和持续合作。

张涛是一名医疗器械销售员。一次，一个外地客户打来电话询问某型号的进口机器的价格等情况。张涛听后，凭着自己多年的从业经验判断，客户想采购的进口设备与他的企业规模，以及面向的客户并不相符。

经过深思熟虑，他还是决定给客户一些建议，即使这单做不成，在下一单需要自己的设备时，对方一定还会找到自己。于是，他给这位客户打了一个电话，对客户建议道："刚才听到您的需求，我仔细对照，发现您购买我们这款产品有些浪费，其实不用花这么高价格，买我们公司同类的国产品牌就可以，也能达到您要的效果，这样您的投入也可以少一些。"

"哦，是吗？"对方似乎有些惊奇地回答道，"谢谢小张的建议，我会查阅一下你给我的设备资料，跟领导商量一下。"半个月过去了，对方终于来电话了，开心地说："非常感谢你的建议，领导对此感到非常满意，我现在就把合同传给你，我们就采购你建议的设备了，以后还要多多合作！"

从上面案例中可以看出，几乎没有人会拒绝你的这种真诚。一名好的销售员，就是一个能为客户着想的人。在销售的过程当中，坚持为客户着想，站在客户的角度上真诚地为其考虑，才能赢得客户的信任。虽然暂时少拿了提成，却赢得了一个长期客户，业绩稳步提升是必然的。

如果你是一位销售员，正在为找不到客户而发愁，那么从现在开始，只要真正为客户着想，在接下来的两个月内客户就会不断增加。

会说话的销售员，一般都善于说客户感兴趣的话题；最会办事的销售员，也会做些让客户感激或感动的事。

哲斯顿是世界级的魔术大师，在他活跃的年代，他精彩的表演能让6000多万观众买票进场。他是如何做到这一点的呢？其成功秘诀就是从观众的角度出发，多为观众着想，懂得表现人性，对每个观众都表现得真诚而感兴趣。当时，许多魔术师都觉得观众是一群傻子和笨蛋，自己能将他们骗得团团转，而哲斯顿却不这样想。每次上台前，他都会对自己说："我得抓紧时间！人们都是来看我表演的，是我的衣食父母，只有他们能让我过上想要的生活，我得将最高明的手法展示给他们看。"

　　同样，销售者要想说服客户，想让自己说出的话具有价值，引起客户共鸣，也要记住一条黄金法则：想要客户如何对待你，首先就要如何对待客户；只有从关怀客户的角度出发，多为客户着想，才能赢得客户的信任和认可。

　　销售员为客户提供有价值的信息，客户自然就会照顾你的生意；一旦成为客户的顾问，及时地为他们提供帮助，销量也会提高很多。因此，不管在任何时候，要想获得客户的认同，都先要为他们着想，关心他们的利益，才能成为他们最佳的合作伙伴。

第六章 环境感觉——温馨舒适

让顾客心情得到放松

我的家中至今有两个杯垫还未使用,一款是竹叶状的,另一款为荷花状,算是活泼可爱的类型。今天提起,不是为了讨论其美观,而是我始终在思考为什么要买这两个杯垫呢?家里有一大堆杯垫,更何况杯垫本来就不是经常用的物品。思来想去,唯一让自己有点信服的理由是,自己对那家卖杯垫的"店"产生了好感。

那家店整齐地摆放着各种精致的家居用品,各种柔软的毛巾、富有创意的相框……你能想到的家中可能用到的东西,在那里都能找到,明亮、干净、舒适的白色和绿色是在那里的主色调,柔和的音乐让人一进到里面就感觉放松。恐怕,促使我买杯垫的"点",就是想将自己中意的那种"家"的感觉带回去,所以买下了那两个可能并不是必要的杯垫。

由此可见,为消费者营造出一种良好的"感觉环境",色彩、灯光和音乐搭配出富有"家"的感觉的购物环境,会让消费者情不自禁地对商品产生兴趣,进而激发购物欲望,最终产生实际消费行为。

一项研究发现,与侍者有接触的用餐者会给更多的小费。而在超市中,与消费者有轻微接触的食品促销员能更成功地邀请顾客来品尝新式点心,并且让消费者兑换更多的品牌促销赠券。另一项研究表明,店铺里地板的样式也能影响购物者对商品的评价:柔软的地毯能放松人的情绪,而坚硬

第六章 环境感觉——温馨舒适

瓷砖地板会造成疲劳感，从而诱发比较尖锐的批评。

对于企业和销售人员而言，运用"感觉营销"，即在服务和营销过程中，为消费者创造出一种心理舒适与精神满足的氛围，从而达到助销的目的。这其中比较典型的"感觉营销"事例有Omni酒店和可口可乐、苹果手机。

进入Omni的官网预订房间，你便可听到悦耳的音乐。到了酒店，进入大堂便可嗅到柠檬和绿茶的清香，步入房间便可享用桉树浴盐，其无时无刻不在营造一种奢华又不失格调的感觉，让人顿感心情舒畅。

世界杯是全球球迷的盛宴，吸引着全世界的目光，很多大型体育品牌和运动饮料品牌都会推出主题活动进行宣传，作为长期参与者，可口可乐自然不会错过这个机会。

出人意料的是，2010年可口可乐创作世界杯全球广告宣传的主题曲时，并未选择知名歌手创作的歌曲，而是选择了一位无名的索马里裔歌手柯南创作的歌曲《旗帜飘扬》，并为这首歌录制了20个地区性的版本，甚至包括和各地区性歌手的二重唱，以此凸显其"世界传唱"的形象；他们使用了音频水印技术，将一个声音或意念编进音乐里，让人走在街上仿佛任何地方都在哼唱，停不下来，并且不知道为什么会这样，无形中，做到全球免费帮可口可乐哼唱的广告效果，方法可谓非常高明。

购买过苹果手机的人都知道，苹果手机鼓励顾客在店内体验自己产品的性能，以此让消费者零距离感受产品的质感，让潜在消费者在短时间内对产品产生一定的依赖感，而恰恰是这种感觉提高了消费者购买该产品的意愿。对此，欧洲国家的一些食品杂货连锁店，甚至将数种卫生纸去掉包装，让购买者更好地触摸和比较各种纸质，以此达到销售业绩上升的目的。

对一件产品亲自体验后再购买，会让人感到更开心。日本运用感性工学或人机工程学对这种概念进行进一步开发，感性工学或人机工程学的理念是将顾客的感觉转化为设计中的元素。在这种运用实践中，马自达的米亚达车型的设计者瞄准了那些将车视为自我延伸的青年，这些驾驶者追求一种被他们称为"骑手与马合二为一"的感觉。

经过深入调研，设计者发现，将操纵杆设计成9.5厘米长时，驾驶者能最佳地感受到运动控制的感觉。类似的思想也在克莱斯勒300C的驾驶座中有所体现，该车的设计让你感到自己高了一些。在流行的多功能运动车（SUV）、皮卡和小货车中这样的变化已司空见惯，这些车都能让司机感到在高速公路上他们坐得更高。

无论是对于经营者还是销售人员，视野开阔了，销售量自然也就随之上升。这就好比人的心态放开后，心情也会随之放松，容易感到喜悦，进而有做各种尝试的冲动。

试想，自己进入一家店，一进门就感觉压抑和不舒服，你还会想驻足甚至购物吗？当然不会。一部车如果试驾之时，就让人感觉视野受阻，让试驾者购买也是不可能的。所以说，只有如沐春风的环境加真实体验才是让消费者真正放心购买的理由，作为一名经营者、售货员，千万不能忽视了这个问题！

让精神感受到愉悦

销售最忌讳的是南辕北辙却不自知。"卖梳子给出家人"这种南辕北辙的做法，不但不会有好的效果，反而还会让顾客反感。即使退一步讲，放松头皮也不见得非要用梳子，这句话想表达的就是：销售员要熟练地掌握营销的基本规律和维系客户的基本原则。这就好比当下流行的卡通形象代言，其基本要求就是拟人化，要做到形象有血有肉，因为它代表了企业的形象，面对的是企业消费者，其个性应当鲜明、突出，并符合代言企业消费群体的特征。

多年的实践证明，通常只有个性鲜明的卡通形象代言，才能很快地抓住消费者的视觉焦点，让广大的消费者接受。个性鲜明，大多是体现在语言和行为动作上。比如，赋予卡通形象经典的口头禅，或者设计一些个性鲜明的肢体语言等，总之要尽量设计得可爱，让普通大众能够接受。这方面比较突出的案例便是玛氏糖果 M&M's、日月光中心，前者设计了形象鲜明突出的糖果红红（泼辣）、黄黄（简单）、蓝蓝（酷）以及绿绿（性感）；后者在筹划"购物中心原创卡通形象"方案时，经过数次商议，两只萌猴——粉色的 Pinky 和棕色的 Brownie 应运而生，看着它们，人们就会产生一种愉悦感。

现在大众消费者更加重视个性化的需求和精神方面的愉悦，卡通形象就需要体现这种需求，用其独特的个性让人们对品牌产生亲近感和愉悦感，同时印象深刻，乐于接受。不能简单地为了卖萌、好看、装点门面、跟风，目标应定位在树立企业形象上，所以企业的卡通形象最好和产品品类、特征息息相关，以利于客户通过这一卡通形象进一步联想到企业是在卖什么产品。

"米其林轮胎人"的卡通标志就符合这一要求，其最初的创意来源于"堆在一起的一堆轮胎，看起来像一个人"，这成为米其林最初的独特形象，并逐步成长为全球最大的轮胎品牌之一。该形象经过近百年的时间演化，逐步形成了现在的样子，但轮胎的形状却永远没有改变。

事物是发展的，形象吸引人之处也在随之改变。拟人化的形象，并不是包打天下，如果只顾及销售，不顾及消费者感受，卡通形象的营销作用就会大打折扣，甚至让人避而远之，就失去了利用卡通形象打动心灵的作用。所以产品拟人化的同时，也要注意卡通人物的美感和情感，看看大家是否喜欢，是否一见倾心。

对于一个全新上市的品牌而言，要想在市场中快速站稳脚跟，确立品牌形象和价值，不妨考虑设立品牌卡通吉祥物，以此来拉近与消费者的距离，让代言形象更直观展现自身品牌的价值理念，毕竟图像比文字更容易为人所识别、记忆和喜爱，这是心理学的基本规律，在广告宣传中也是如此。比如，迪卡侬就是以低价格、高品质的创新产品以及对门店运动场景化的设置不断刷新着消费者对于运动品牌购物体验的认知。

迪卡侬在原有产品的基础上，认真观察消费者在运动过程中的反应和需求，研发出了低价高品质的产品，实现了产品的创新。比如，2013年的创新产品——干式呼吸浮潜面罩。当时，很多浮潜初学者经常会因为不习惯用嘴呼吸而呛水，水上运动产品团队了解到这一情况后，就设计出了一个可以用鼻子呼吸的浮潜面罩；浮潜初学者只要花费 299 元，就能自由地享受水下的乐趣。

在消费者主权时代，顾客的感受和意见始终都是评估产品最重要的因素。迪卡侬不断地对产品进行测试和改进，不仅为用户创造了更多的惊喜，还从细节处大大提升了用户在运动中的使用感受。

此外，为了将所有运动汇聚一堂，迪卡侬还打造了门店场景化的体验式经济。无论是自建商场，还是租赁的商场，迪卡侬都会留出约 15% 的室内使用面积供顾客体验。每到周末，这里就会成为众多家庭的乐园：孩子们可以踩着自行车和滑板车在中央空地上飞奔；父母可以在健身器械区的跑步机上跑步，或扎进服装区挑选换季的衣服……迪卡侬由此变成了游乐园或健身房式的体验场所。

这种体验活动，既愉悦了个人，也愉悦了家人，契合了迪卡侬"让最广泛的大众同怀运动愿望，共享运动欢益"的宗旨。通过低价高品质的创新产品，将各种运动汇聚在同一个区域中，运动也就变得触手可及。丰富多彩的运动体验，吸引着更多的消费者深入运动，营造了更好的运动趣味氛围，并将这份快乐传递出去。

以良好的亲身体验为卖点，迪卡侬积极地在线上布局。开辟了自己的电商平台，用户可以通过图片、视频、动画等形式科学地了解产品；同时，平台还为运动爱好者传授了运动知识，比如，在"游泳"项目里有如何选择游泳眼镜、如何在游泳之前做热身运动、怎么提高自由泳技巧等。除此之外，迪卡侬还推出了"你的球队，你的专属色彩"服务，为球队打造出了自己的专属颜色。

通过这一系列的活动，迪卡侬让顾客获得了线上线下一致的运动体验，提高了线上平台的复购率和线下门店的转化率。

　　这就是让顾客感受到精神愉悦的最佳成功案例！

第六章　环境感觉——温馨舒适

在这里容易决策

销售人员一般都会遇到这种情况：自己苦口婆心地给客户讲了一大堆产品的好处，可是对方却无动于衷；觉得客户立刻就要掏钱购买了，可他还是犹豫不决，迟迟不做决定。

顾客之所以会出现这种情况，多半是因为他们无法凭借自己的经验和专业知识来判断产品的优劣，不知道产品质量好不好，不知道产品是不是最适合他。

优秀的销售人员告诉我们，要想引导消费者快速做出购买决策，就要主动为他们提供决策依据，让他们在轻松、友好、没有压力的氛围下，快速做出最有利的判断。销售人员虽然不能替消费者做出决策，却能为他们提供判断标准，因此要想让他们轻松、快速地做出购买决策，就要为他们提供全面的判断标准。消费者不是专家，不能自行判断出产品的好坏，销售人员必须将产品的价值判断标准告诉他们，提高他们的判断能力和信心，促使他们快速做出判断。

举个例子。

在早教机构，如果家长想给宝宝做早教，却不知道如何判断机构的优劣，不肯下单。这时就要告诉他，判断早教机构价值的标准：

首先，要看早教机构有没有教育情怀。没有教育情怀，为了赚钱加盟大品牌，是最糟糕的早教；只有一门心思办教育，才是一流的早教。

其次，要看有无教育理念。盲目给孩子灌输知识，这样的早教最糟糕；重视能力的培养，重视基础的打造，有利于孩子今后的发展，这样的早教才是最好的。

最后，看教育动机。想在最短的时间内出成果，揠苗助长，是糟糕的早教；为孩子的未来负责，注重能力、素质和求知欲等的培养，才是最好的早教。

把价值判断的标准明确告诉客户，他们自然就能立刻做出正确判断，同时还会为自己能做出这样的决策而感到高兴和自豪。

让顾客驻足，不再选择第二家店，是店商最想得到的结果，为此很多商家都在思考，如何让顾客脑海里形成这样的一个概念：这家店符合我的期待，在这里选购，不会后悔，购买时甚至还有惊喜。这其实就是"首因效应"。

首因效应是由美国心理学家洛钦斯首先提出的，指交往双方形成的第一次印象对今后交往关系的影响，即"先入为主"带来的效果。虽然这些第一印象并非总是正确的，但却是最鲜明、最牢固的，并且决定着以后双方交往的进程。

如果一个人在初次见面时给人留下良好的印象，那么人们就愿意和他接近，彼此也能较快地相互了解，并会影响人们对他以后一系列行为和表现的理解。反之，对于一个初次见面就引起对方反感的人，即使由于各种原因难以避免与之接触，人们也会对之很冷淡，在极端的情况下，甚至会在心理上和实际行为中与之形成对抗状态。

能否给潜在消费者留下好的第一印象，在很大的程度上也影响着客户是否会接受并购买你的产品。

某日上午，一家家居建材品牌门店来了两位顾客，一看就能猜出是夫妻关系，店员自然是笑脸相迎，热情打着招呼，领着他们走进了门店。进门后发现，这对夫妻并没有展现出足够的购买欲望，店员便站在一边静静地看着两位顾客。

很快两位顾客貌似已浏览完整个店面，没说一句话就径直走出了门店，店员一边迎上去说着欢迎下次光临，一边看着这情形，表情显得异常无奈。

相对于其他行业，家居建材行业有着自身的特点，实体店面临着顾客不断被分流或前端拦截的状况，真正走进实体店的人越来越少，这样肯于进入实体店的顾客，显得尤为珍贵。但面对"珍贵"的顾客，每一个销售人员都期待其在店内购买自己的产品，但如果实体店自身的状况不能如顾客所愿，不能给顾客一种进家的感觉，顾客就不会停留太久。

试想，前面所提及的夫妻二人进入门店，若第一眼就被店中环境所吸引，感受到非常舒适，出于不愿错过美好事物的心理，他们也一定会驻足观看一番，甚至进一步询问营造出舒适感的建材的价格和款型等。从这方面看，要想让顾客在一家门店停留甚至购买商品，环境氛围也是非常重要的，起码在视觉上，所见之物要能吸引眼球，让消费者产生流连忘返的感受；要播放清新舒缓的音乐，如经典的乐曲或当下流行的歌曲等，让消费者心情愉悦。

此外，便是全方位的服务。当顾客走进门店的那一刻，服务就已经开始，要从顾客的角度出发，提供他们此时此刻需要的服务项目，让其不愿、也不好意思离开。现在的市场竞争已经进入到细节服务制胜的时代。无论是公司的内部管理，还是外部的客户服务，细节服务问题都会关系到自身的前途和盈利水平。作为一名一线销售员，应该注重细节，充实自己的专业知识，提高自己的情商。

记住：销售不是销售产品，而是销售你自己；一切与产品有关，一切与人也有关！

顾客在采购家居建材产品时，都会想这款产品装在自家不知效果如何，商家不妨多增加个性服务，按照顾客提供的信息，在店内把顾客家庭的主要情景用电脑软件设计装修出来，配备上不同风格的产品，清晰地标出面积大小、空间高度、风格分类等，让顾客有了充分的认识，对照自己家的环境进行充分想象，在不知不觉中也就提高了顾客在店内停留的时间。

在顾客最后下决心购买某件产品时，难免会有很多问题和疑议，这是很正常的现象。销售人员首先要做的是心平气和，面带微笑，并针对其所提问题，进行细致解答，或者进行现场演示，充分运用体验营销。

常言说得好，"百闻不如一见，一见不如一试。"介绍产品的突出卖点时，不妨让客户亲身体验一下。比如买沙发让顾客坐上去体验一下，买木门让顾客敲一敲、闻一闻、听一听，买床垫让顾客躺一躺，买地板让顾客走一走；同时，根据客户都存在货比三家的心理，提供其他产品与自己销售产品的对比，比比材质、厚度、亮度、功能、味道、手感等。让顾客亲身体验到产品的品质，这比自说自话更容易消除顾客的疑虑，让其下决心。

通过以上案例可以看出，商家只要从顾客内心需求出发，环境上精心打造，认真思量并不断完善，那么顾客就不会随便看看就离开。当顾客愿意停留下来时，最后购买产品的可能性自然就会越来越高了。

营造家的感觉

网络上曾看到过这样一家人性化的小餐馆：禁止点餐，吃什么自己端！

看到标题的时候，我顿觉好奇：这是什么餐馆？不让食客点餐，怎么吃饭？还让食客自己端，如何做好服务……可是，就是这样让人充满困惑的餐馆，竟然意外走红，开业21年来从没缺少过顾客！

我认真阅读下面的内容，越读越心惊，越读越对店主的策略感到精妙！

这家餐馆任性爆棚：每天营业两小时，从上午11:30到中午13:30，准时关门，且周六周日休息。为了让食客吃饭的时候有家的感觉，老板让食客想吃什么就端什么，且每天做的菜都不一样。每天早上他都会亲自到菜市场挑选最新鲜的食材；餐馆是两进的结构，厨房设在入口处，配菜、炒菜等过程一览无余，食客吃起来更放心、更安心。

在家里吃饭，一般都是家人做什么，我们吃什么，不会随便点餐。顾客之所以喜欢到这里吃饭，就是因为这里有家的感觉，觉得在这里用餐自在，且味道不错。这家餐厅就是基于食客的这种心理，为他们营造了一种家的感觉。

如今，电商如此火爆，为何却打不垮宜家等商家呢？这两年，电商对一些传统实体店形成了巨大的冲击。但有些实体店却是例外，它们在电商冲击之下，依然保持了不错的营收业绩。这是很多商家需要思考的问题，因为在面临线上电商的冲击时，很多商家都束手无策，或者说有些无奈！

在电商冲击很多实体店时，宜家、迪卡侬等依旧保持了不错的业绩，效益稳中有升。其中宜家2016年净利润增长20%，中国区增长18.9%，2016财年财报显示：公司的营收从2015年的326.6亿欧元增长至350.7亿欧元，净利润上升20%，达42亿欧元。因为，它们在商业的产品力、品牌力以及渠道上都有很强的竞争力，这是其他一些品牌不具备的。

无论是宜家，还是迪卡侬都有自己个性、专业性的产品。例如，宜家有鲜明的瑞典家居风格，而迪卡侬秉承自身的专业性，且都具备极高的性价比优势——价格优势。因此，这些商家即使面对电商竞争都不惧，这让它们成了"物美价廉"的典范。

在产品力优势之外，宜家和迪卡侬在品牌力的培养上都下了大功夫，通过强大的品牌支撑着线下销售稳步增长，因为二者始终坚信销售者会选择品牌叫得响的公司的产品。对企业而言，这也符合基本的运营规律和原则，毕竟品牌消费的竞争力大于价格消费，如果谁价格低就选谁的方式，只会让行业内部陷入惨烈的价格战，很容易被价格分流。

注重品牌培养的企业，就代表其拥有一定的忠实用户，用户越多，忠诚度越高，越能有效锁定固定消费者。当下，线下实体受线上冲击比较大，主要原因就是缺乏叫得响的品牌，结果只能是在比拼价格的过程中，让用户不断流失。而宜家、迪卡侬都成功地打造了专业品牌，并赢得了大众的认可，很好地避免了被恶劣价格战分流，阻击了线上电商的冲击。

宜家和迪卡侬都属于重体验消费的品牌。宜家会营造生活家居体验，通过客厅、卧室、餐厅等不同的场景布置，营造一种家居氛围，让用户形成很强的居家感受，直接唤起消费者的购买欲；而迪卡侬则会在卖场里提供运动体验，设有篮球场、5人足球场和羽毛球场等体验区，并鼓励所有人体验它的产品。

此外，苹果、ZARA、华为、格力等具备产品力优势、品牌力优势的企业，也不怕电商冲击。例如，苹果门店1平方米产出大约是40.21万人民币，产出量非常惊人；ZARA在2016年销售额较上一年增长12%，均符合市场预期；华为手机2017年的出货量已经达到1.53亿部；格力2017年前三季度，净利润同比增长37.68%，等等。

商业竞争的本质是对用户的争夺，谁的竞争力强，谁争夺的用户就多。如果产品缺乏个性、特色，品牌力不够，就会陷入同质化，就很容易受到来自电商领域的冲击，会面临惨烈的价格战。但商家品牌本身具有很强的品牌力，专营店给人一种"回家"的感觉，可以体验大床睡卧、随意下载好玩的电影等。优秀的品质加优质的售后服务，很容易给顾客一个不得不选择的理由，虽然在线上购买少花一点钱，但还是不如买有保障的更安心！

让人顿生好感的"萌"

当下，体验式的消费环境，越来越受到商家的重视，比如"小板凳"火锅店和"百年老妈"火锅店。前者所在地曾是小肥羊分店；"百年老妈"西元店"民国风"的装修风格，更是让顾客有了体验式的消费环境……业内人士认为，2019年的火锅行业，在卖产品、卖服务之外，卖感觉和体验，将成为一种新趋势。

卖感觉的"萌经济"，尤其受到80后、90后、00后这三代年轻人的喜爱，其锁定的消费群体也以80后、90后、00后为主。随着异地求学、工作以及单身现象普遍，"空巢80后、90后和00后"也更容易把这些"萌物"当作情感寄托，通过这些商品设计，得到一些减压、有趣、治愈、陪伴、安全感的体验。

比如，深圳的line主题店，在门口摆放着高大的line的主题形象，允许少男少女们进入店内进行合影。其整个空间包含咖啡厅、服装售卖厅，有各种款式的T-shirt。更让人感觉体验绝佳的是，专门开辟了拍照专区，满足顾客拍照发朋友圈的需求。

三只松鼠成立于2012年2月，前期定位是互联网食品销售，是当前中国销售规模最大的食品电商企业之一。三只松鼠给消费者最直接的印象就是"萌"，其品牌logo以三只松鼠扁平化萌版设计为主体，而三只松鼠的任务就是"卖萌"。

第六章 环境感觉——温馨舒适

此外，每只松鼠还被圈定了不同种类的代言产品，并有自己可爱的名字和鲜明的性格。三只松鼠从线上店铺、公司官网、微博到线下的产品内外包装、赠品、宣传单等，不断强化品牌卡通形象，给消费者难忘的视觉体验。

80后、90后、00后这三代人个性张扬度由低到高，他们有各自的行为准则，追求时尚，享受生活。三只松鼠的品牌定位的消费人群，恰恰是这三代人。运用萌的特点，给产品贴上符合客户群体心智的超萌动漫标签，以此来打通自己的销售渠道，从实际效果来看，确实取得了不错的成绩。

在休闲食品零售行业，产品同质化现象严重，三只松鼠率先打出情感牌，让品牌能够在消费者的心中占据一席之地，真真切切抢占了先机，为产品销售和未来企业的发展赢得了新的上升空间。

三只松鼠运用拟人化的"萌"，拉近了与消费者的距离，让被萌到的消费者乐于购买其产品；其客服更是化身为鼠小弟，亲切地称顾客为"主人"。同时，三只松鼠将售前客服进行分组：热衷各种段子的，则由"丧心病狂组"招待；高端大气有内涵的，则由"小清新文艺骚年组"招待。这些定位于目标消费群体的营销方式，极大地满足了顾客的消费体验。

相较其他同类产品，三只松鼠产品价格并不算低，却能够连续多年创造销售额纪录，究其原因，便是依靠卖萌，通过卖萌，让品牌拉近了与消费者的距离，吸引更多的顾客不断购买自己家的新产品，同时促使消费者对商品进行重复购买。正是这种在产品上赋予小动物"萌宠"的情感和行为，恰恰契合当下年轻人的审美追求，使年轻客户在"萌"中感受到轻松愉悦、新奇幽默，以此为下一次购物奠定基础。

对于互联网平台销售时代，三只松鼠并未忽略线下渠道的开拓。其创始人章燎从最初将三只松鼠的线下店定义为"投食店"，逐步转化为"萌"

体验店，让消费者更真实地体验了自己的"主人"身份，对于各种坚果、零食、干果类产品也有了更直观的感受，固化了消费者心中对三只松鼠的品牌认知，扩大了三只松鼠的"粉丝"阵营，开拓出了属于自己的"萌"商之路。

"卖萌"对于增加品牌的关注度、塑造品牌个性形象有很大的促进作用。无论企业是否进行品牌形象管理，品牌在消费者的心里总是有一个形象。这个形象与萌挂钩，恰恰符合大多数企业将消费者定位在年轻人的设定，运用好"萌系设计"，形成鲜明的个性特色，通过卡通形象的表情和肢体语言的调侃性和拟人化，无疑会比其他体验来得更纯粹、更直接，更能激发人们情感交流。

"卖萌"，最直接的含义就是装可爱。卖萌营销，既是一种品牌亲民化的沟通方式，也是品牌与消费者互动的方式。不同品牌，可以使用不同的卖萌方式：可以通过小孩，也可以通过动物来卖萌；可以追逐流行文化，也可以将产品赋予生命，或有的本身就拥有萌基因。

1. 通过小孩卖萌。在凉茶大战中，加多宝就利用小孩做了一次卖萌营销。被判立即停止使用"王老吉改名为加多宝"等宣传用语后，加多宝便在官方微博发布了"对不起"系列宣传图。"对不起！是我们太笨了，用了17年时间才把中国的凉茶做成唯一可以比肩可口可乐的品牌……"同时搭配萌翻天的哭泣的小孩配图，一下子就激起了人们对这个"外国小孩"的怜悯之心。加多宝利用这组小孩哭泣图，引发了消费者对小孩的同情心，成功地减少了品牌损失。

2. 通过动物卖萌。消费者越来越年轻化的时代，越是年轻的企业和品牌，越想通过"卖萌"来抓住消费者的心。比如，在互联网企业中，阿里巴巴便将卖萌发挥到了极致。"淘宝体"传播开来后，"亲"便成了全民卖萌的首选词汇。同时，淘宝商城在改名"天猫"时也引起了热议，因为这个名字是马云坐在马桶上想出来的，更便于商家肆无忌惮地卖萌。

3. 将产品拟人化。将没有生命的产品注入感情，将产品赋予"人"的情感，实现产品跟消费者的对话，就能大大拉近产品与消费者的距离。米其林就是这样做的。为了将"人"的形象印在消费者脑中，米其林将活泼可爱的婴儿与轮胎组合在一起，塑造了滑稽有趣的形象。小宝宝憨态可掬的形象让枯燥的轮胎显得趣味盎然，令人忍俊不禁。米其林"人"的形象给消费者带来了更多的情感体验。

4. 通过追踪流行来卖萌。可口可乐是全球最著名、最值钱的品牌之一，为了与年轻消费者互动，在大陆市场推出可乐包装时，采用各种网络流行语来"卖萌"，比如，"喵星人""高富帅""天然呆""有为青年"等。

5. 闷骚式卖萌。这种方法使用最好的，当属谷歌。谷歌的首页虽然很简单，但仍然利用有限的空间来卖萌。只要是特殊的日子，谷歌首页都会出现各种萌萌的动画。比如，为了纪念中国动画创始人万籁鸣和万古蟾诞辰112周年，谷歌"Google"的几个字母改成了孙悟空、蟠桃、风火轮、金箍棒等形象，萌味十足。

6. 通过塑造卡通形象来卖萌。比如，哆啦A梦就是通过塑造卡通形象来卖萌的。从1969年开始，哆啦A梦致力于打造属于自己的商业帝国。通过漫画、电影、授权产品等方式，每年都会创造250多亿日元的商业价值。再如，迪士尼乐园则是"萌"界的幸运者，其利用米老鼠、唐老鸭、白雪公主等卡通人物打造了一个娱乐王国，不仅受到了孩子们的喜欢，还成了成年人心中的梦想圣地。

第七章

它们快速闻名天下

勇闯天涯的雪花

华润雪花啤酒(中国)有限公司成立于1994年,总部设立在中国北京,主要生产和经营啤酒。目前,在中国共有98家啤酒厂,共有雪花啤酒品牌及30多个区域品牌。在财富中文网发布的2018年《财富》中国500强排行榜中,华润啤酒位居第252名。

中粮集团董事长宁高宁在华润集团时提出了著名的战略——"蘑菇战略",雪花啤酒通过蘑菇战略实现了对全国重点市场的掌控,进而渗透到了全国,成绩斐然。

雪花啤酒走向全国的过程并不是很长,2002年才开始做全国品牌,2002年之前,雪花啤酒还是一个在东北地区销售不错的区域性品牌,那时年销售量也只有三四十万吨。2002年之前雪花为什么不做全国品牌呢?原因很简单。1994年开始进入啤酒业的雪花啤酒,根本无法塑造全国性品牌,这也跟其过去的策略和战略有些关联,其过去的战略一直是强调以区域为主导。

随着高速公路网的铺开,啤酒的销售半径扩大到300公里之内,如果超过这个范围,企业在成本上将无法承担,因为主流啤酒企业都是要回收瓶的,雪花啤酒也不例外。在一个区域内,没有生产工厂,就很难在该地区的啤酒市场上占据很大的份额,想占有份额,必须在区域内布点工厂。

雪花啤酒的蘑菇战略应时而生。

跟种蘑菇一样,在一个区域依托工厂,建立自己在这个区域里面的强势地位。从这个战略可以看出,雪花啤酒的重心不是在建立全国性品牌,而是建立比较性的区域优势。这对区域的品牌而言,显得尤为重要,这是它整个战略的核心。

雪花啤酒的发展战略,对于另一领域的同行——白酒企业,同样具有启发性,毕竟白酒消费也同样存在地域的差异性,很难形成一个全国性的市场,也很难做到全国各地都成功。所以,一些白酒企业不妨借鉴雪花的理念,静下心来,首先努力耕植好自己的基地市场,然后再找一至两个或更多战略重点市场攻破。

比如,中低档酒若要快速销售,更快速的方法应是区域试点,成功后再快速复制。很多中低档白酒企业没有掌握此理,因而市场发展始终不温不火。这其中比较成功的案例便是四川沱牌曲酒,其销售如同快饮、食品一样,深入部分省份的三、四线市场,与消费者形成了最亲密的接触。品质领先、薄利多销成就了沱牌中低档白酒的领先地位。

从2009年开始,沱牌开始系统性学习和引入饮料和啤酒业的成功经验,实施深度分销,进行区域滚动性销售系统的复制,让中低档白酒的行业领先优势再次得到巩固。沱牌在中低档酒销售提升过程中,并没有全国性撒网,而是首先进行了区域规划,通过细分区域,集聚营销资源,重点突破,稳打稳扎,将市场做透。

作为一名经营者、销售人员,从雪花和沱牌的成功,让我们看到了不切实际地拉长销售战线的后果,就是无法保障对主阵地投入更大精力攻坚,让自己首尾不能相顾,同时还丢失了主阵地"西瓜",疲于奔命地捡分阵地的芝麻。

面对市场，我们要有主次和层次递进的思维，必要时刻要采用蘑菇战略。这就好比营销中的黄金法则："开发十个新客户，不如维护一个老客户。"老客户的作用对于提高销售员的业绩是有很大帮助的，因为口碑的力量，往往会带来连锁反应和成交量的增加。

珍惜才会拥有，感恩才能长久。销售员对老客户要经常表示感谢，他们才会更加乐于在你那里消费，并带来更多的新客户。

第七章 它们快速闻名天下

"送礼"送出脑白金

中国素来被称为礼仪之邦，有走亲访友带上礼品的习俗，礼品市场非常浩大。脑白金的成功，关键在于定位于庞大的礼品市场，以礼品的定位引领消费潮流。

大家可能都知道，广告界、营销界广泛流传着三大广告神曲，一是脑白金，二是拼多多，三是莎普爱思滴滴滴。脑白金那句熟悉的广告词，就连小孩子都在哼，"今年过节不收礼呀，不收礼呀不收礼，不收礼呀不收礼，收礼还收脑白金"。

"今年过节不收礼"，很多人都知晓下一句，那就是"收礼只收脑白金"，这句家喻户晓的广告语，不但耳熟能详，而且还成为一直热议的话题。因为在红桃K携"补血"、三株口服液携"调理肠胃"的概念创造中国保健品市场高峰之后，脑白金靠送"睡眠"的健康好礼概念，登上了中国保健品行业"盟主"的宝座，引领行业长达五年之久，这其中主要原因在于找到了"送礼"的轴心概念。

史玉柱认为在营销中最核心的一个问题是，了解产品要销售给谁。广告最怕变，因为你一变，前面的积累就丢了，尤其是在消费者大脑中的先期品牌印象丢了。广告公司有一个最重要的任务就是把创意以最好最佳的状态忠实地呈现出来，只有对产品最了解，对消费者了解最深刻的人，才能做好。最了解公司产品、最了解消费者的人，其创意才是有根有据、有的放矢。营销没有教科书，靠的是自己的摸索、体会，脑白金"送礼"这个概念，就是从老太太那儿聊出来的。

栏目冠名这个手段，只能提高知名度，无法提高对产品的认知。一个企业不是说产品型号越多越好，有一个拳头产品就够了。例如民生银行，不要求全，看哪一个项目最赚钱，哪一个项目风险最小，就集中精力攻哪一个项目。所以，小微企业贷款就被它攻下了。

对于脑白金的成功，一些业内人士将其成功的最大关键，锁定在礼品市场的定位，正所谓定位定天下。据统计，脑白金曾在春节期间，创下1周销量7亿元的骄人业绩。这其中不难看出，7亿元的销量，正是脑白金礼品市场的"定位定天下"的体现，正月初一到初七的走亲访友，春节登门总是要带上礼物的传统观念，让中国节日期间形成了全世界最大的礼品市场，作为礼品市场中叫得响的品牌，在7天之内会有7亿元的销量，就不足为奇了。

中国保健品行业是你方唱罢我登场，各领风骚二三载。脑白金的出现，首先要做到的就是避开保健品行业的"坏名声"，进而拓展市场空间。为此，他们把市场的定位，不再局限于保健品行业，而是在国人的礼品清单里，再加上其打着健康品烙印，在礼品市场中自然而然地拥有差别化的优势，使脑白金成功上位，市场空间大范围扩展成为了必然。

安踏前行永不止步

安踏，是中国领先的体育用品企业，主要设计、开发、制造和销售安踏品牌的体育用品，产品包括运动鞋、服装和配饰，为广大普通消费者提供了最高性价比的专业体育用品。如今，安踏体育市值已经突破千亿港元，成为全球第三大运动品牌。

安踏作为本地知名运动品牌，其发展历程有着诸多可以探究之处。安踏与北京2022年冬奥会和冬残奥会组织委员会签约，成为首个赞助本土奥运赛事的中国体育用品品牌，也让安踏再次受到了国内外的瞩目。

对于熟知中国体育用品发展轨迹和本土运动品牌发展历程的人都知道，20年前，中国的体育用品市场上几乎没有广为人知的自主品牌，更没有叫得响的本土品牌。当时的安踏也是这些"不知名"中的一员，1997年，安踏的销售额只有5000万元左右，利润只有5%～8%。

为了提高销售额，安踏当时的做法是：扩大销售范围，甚至将门店开到四线城市，用数量上的优势寻求销售额的增长。但由于当时国内诸多代理商同时代理多家体育产品，而当时国内的小品牌又十分杂乱，在市场上没有主次之分，因此这些销售网络根本起不了多少作用。

面临困境的安踏，开始将眼光放在了耐克身上，试图通过摸索耐克的经营模式打开新的市场局面，自此开始尝试走体育营销之路，随后签约了乒乓球世界冠军孔令辉，并拿出了几乎相当于当年半年利润500万元在央视体育频道投放广告。

2000年，孔令辉夺得奥运会男单冠军，让签约的安踏"我选择，我喜欢"的口号，一炮打响，品牌影响力顺势提升，当年的销售额也突破了3亿元！

在尝试到"体育明星+央视广告"的奇效后，安踏在坚持这条路线的同时，也在不断尝试增强品牌的影响力。2002年3月，安踏运动鞋的注册商标"安踏"被原国家工商行政管理局商标局评为"中国驰名商标"，其产品也被认定为"中国名牌产品"，成为业内唯一同时拥有两大权威认证的品牌。

同时，安踏开始打造自身的品牌文化，即坚持体育精神，不断创新，锐意领先，并永不止步地追求最有效的经营方式。某体育用品企业老总这样评价他的竞争对手："安踏的市场运作方式是比较成功的。同样是创造出一个成功的品牌，阿迪达斯用了75年，耐克用了25年，而安踏只用了10年。这样的速度堪称罕见。"

2012年安踏超过李宁，第一次坐上了本土运动品牌的第一把交椅，对于安踏完成了对李宁的弯道超车，在许多一线城市的消费者眼中，显得有些不可思议，因为安踏从来就不是他们购买运动产品的第一选择。安踏的崛起可以说是在模仿中打磨出属于自己的"安踏模式"，这种模式具有中国本土特色，推崇"实用至上"，正是在这套方法论的指导下，使安踏逐步成长为新的行业领袖，其对消费者的心理解读，也是最值得经营管理者思考的。

安踏始终把目标定位为耐克型的全球体育品牌企业，但不可否认的是，在硬软件方面，二者仍存在着差距，这种差距不单单体现在产品的质量上，更多的是体现在产品品牌价值的认可上。同样聘请体育明星代言，花了许多钱做广告，结果一年卖的鞋还不够付它的广告费。

安踏及时调整了营销策略，选择了国内球迷高度认可的NBA球星凯文·加内特、拉简·朗多代言，同时推出加内特个人专属的第四代签名篮球鞋——KG4，朗多首款签名篮球鞋RR1，这两款球鞋最大的亮点不在于产品本身，而是它的价格——399元。相比国外品牌的球星代言产品动辄也要上千元，KG4、RR1可谓白菜价，真正的实惠。

在国内外的一线运动品牌当中，敢于第一个吃螃蟹，把明星代言的旗舰产品卖成"白菜价"，安踏是第一个。为了更好地推广自己的平价篮球鞋，安踏在品牌包装上做了新的调整，打出了"国民球鞋"的概念，推崇"实力无价"运动理念，让球鞋的高性价比得以凸显，告诉所有消费者低价不代表低能，安踏是低价高能。

安踏高性价比与中国消费者对其品牌认知与感受是一致的，中国的80后、90后、00后是安踏品牌消费群体之一，尽管他们会穿着其他国外运动品牌，但他们仍把安踏作为选择之一，原因就是看重商品的性价比。

他们在消费上强调自我的重要性，同时也通过消费来满足自我。有关研究也发现在大多数消费情境中，他们都表现得颇为理智。而且他们喜欢新鲜事物，会进行一些低成本的尝鲜消费。为了更好地满足80后、90后、00后的审美理念和不断变化的要求，安踏进行了大量的调研，通过调研他们发现了一个现象，很多90后、00后都拥有耐克等三大运动品牌或NBA球星专属款的篮球鞋，但绝大多数时候，他们还是习惯穿国产的球鞋打球。

抓住这一现象，打造与这两代人价值理念相符的篮球鞋，是安踏要做的，399元的篮球鞋就是很好的尝试。"高端"和"高穿着率"，后者显然是安踏需要的，对于安踏来说，如果用户不穿着自己的产品上场打球，那么品牌的高端也就变得毫无意义。

对于安踏而言，并非做不出一线城市消费者眼中"高端、大气、上档次"的产品，问题在于产品的质量和品牌价值正比率，是否符合投入的回报率，以及盲目与耐克和阿迪达斯比拼高端的运动鞋，是否能收到最佳效果。显然以耐克和阿迪达斯同样的模式挑战他们，对于当下的安踏来说，是不明智的。事实上，在现阶段的中国市场，完全模仿国际品牌的玩法，未必就能取得很好的效果，这方面不成功的案例就是李宁。

安踏的品牌价值的世界之路还很长，面对推崇个性与自我的90后、00后，其仍在不断加以改变，营销的手段也在不断更新，比如勇士球星汤普森中国行的活动，让他们从中去体验产品、体验品牌、体验企业文化，就是一个很好的开始。

五菱汽车"定位"美好生活

五菱汽车品牌诞生于1985年,秉承"艰苦创业,自强不息"的精神,成为中国汽车行业最具价值的品牌之一。相比一些盲目专注模仿和营造高端感的车企,五菱绝对是一个另类,是值得去关注和研究的对象。

年销量达到近150万辆,连续7年微车销量第一,五菱之光被《福布斯》誉为"地球上最重要的一款车",入选英国汽车调查研究机构发布的《2017年第一季度全球范围汽车销量前十排行》……一个个数字让我们这个并不起眼的品牌,创造出不平凡的业绩和价值。

一款在一、二线城市社会知名度稍低,与高端、时尚不沾边的汽车品牌,为何在几十年来,销量能够保持一路领先,并最终打开了国际市场?在我看来,这得益于其自成一套的营销体系。他们定位于农村市场,以此包围三、四线城市,在广大县城、乡镇建立了4000多个庞大的销售点,并根据营业点规模,划分服务等级,4S、3S、2S服务,满足各阶层消费者的需要。

更难能可贵的是,在国内众多的合资企业中,五菱主动出击,打破了合资企业"内战内行、外战外行"的印象,破除了只能"逐鹿中原"的宿命。通过参与通用印度、通用埃及合资公司的业务,五菱成为我国首个具有自主知识产权的整车技术输出企业,为开拓更广阔的国际市场打下了良好基础。

一个品牌的成功,性价比高的品牌产品是必不可少的,并且要随着市场的转变,不断研发前沿、热销款产品。五菱也不例外,可以说其成功就是持续关注用户需求的结果。

为了深度理解用户驾驶体验,五菱不断地打造出热销车型,他们通过调研不断调整车型,比如发现顾客需要更大承载空间时,就推出了荣光和鸿图;顾客希望不仅能商用还可以顺便家用的时候,就"跨界"到微型面包车,推出了宏光这种外观更好看的车型。十几年间,从五菱之光到小卡、荣光、宏光,再到宝骏、乐驰、730,十几款车型几乎覆盖了3万~7万元的低端车市场。

对于以高性价比著称的车企,五菱旗下的车型,消费者的认可度是非常重要的。很多车友提出的噪声大、各种异响等毛病,并未影响五菱的销量,因为"新车性价比高、用车成本低"几乎成了消费者对五菱的"共识";同时完善的售后服务和直销,也使消费者忽略其小毛病,认同五菱车型。

每年各层经销商和销售人员都会主动跑到顾客面前,到田间组团卖车,还请五菱之光、荣光的老用户直接体验试驾,使得五菱每一款新车型一上市就实现垂直增长。

此外,五菱宣传上更是平民化和接地气,他们抓住潜在消费者的空间大、省油的客观需求,打出"满足一家五口出行需要""更好开、更省油、更省力"等宣传语,实实在在契合乡镇消费者心理,其营销哲学,不自觉地让人想起了美国福特轿车的"让每一个家庭都有一辆福特车"的理念。

五菱在过去十几年发展了众多消费者,加上喜闻乐见的品牌营销方式,让五菱之名人尽皆知,打造出属于自己的经营理念,雄霸中国乡镇汽车市场,使之拥有了一个和自身品牌同样接地气的粉丝经济群体,成为许多城镇、乡村发家致富、事业家庭成长的见证。

第八章

它们给人眼前一亮

京东送货到家门口

"葛优躺"流行后,国人发现了零距离服务的重要性,以及让商家多跑路,用户少跑路的意义。沃尔玛在美国正测试"送货至冰箱"的服务举措,即按照客户要求,将其所需要食物送至他家中的冰箱内。其使用的智能服务新技术,即使客户不在家中,也可远程为上门的送货员开门;同时,客户通过手机连接到家中的安全摄像头,可观看送货全过程,确保安全性。

荷兰的Kaan奶酪店,自称是世界上第一家采用"网络直播平台livestream"为顾客服务的奶酪店。顾客在家中通过网络摄像头和麦克风,可询问任何有关产品的问题。

我国大型电商平台重点关注的方向,已从2015年的价格战转向O2O的布局,四年过去了,O2O已成为每一家平台布局的重点。O2O是综合的服务体验,是线上社群经济+线下社区经济的重要结合。2015年初,京东就启动京东到家O2O平台,布局京东到家O2O物流服务。负责O2O战略的京东副总裁邓天卓曾透露"京东到家会让京东和京东物流产生颠覆性的改变",这种颠覆性的变化,让京东传统的物流升级到快物流服务。

通过大数据分析,京东对核心城市各片区的主流单品的未来销量进行了精准预判,以便预先分流和发货,做到下单后两小时送达,这种效率远超出原来211限时达、次日达等服务。通过高效的配送体系,让物流成为京东的核心竞争力之一，也成为其与大型商超合作的重要倚仗。大型商超通过与京东的合作，利用京东物流系统，为自己提供上千种商品及服务，极大地提升了自身的运营效率。

2016年，京东到家与达达合并成立新达达，实现了90%的订单1小时到家；用户运营方面，京东到家从各种渠道接受商家推送的活动和推广信息，帮助商家实现线上营销。当下，京东到家已覆盖19个城市，合作门店超过4万家，注册用户3000万人。

电商发展了这么多年，到2016年才开始真正意义上的线上超市大战，这是建立在物流体系的充分发展之上的，京东的核心竞争力是自营的物流体系，这一大型典型平台提供了新的运营模式，让大家看到了自营物流的好处！

明星代言抓住眼球

明星代言已成为每个商家建立品牌、打开市场、拓展知名度、激起大众关注、引发市场效应的一大利器。根据某企业最新发布的一项调查结果显示，中国企业在广告中使用明星的比例在全球排第三位，仅次于日本和韩国，可见中国商家对于用明星推动产品销售的热衷程度，以及背后切实产生的实际效益。

随着自媒体平台不断发展，微商成为一股不可忽视的线上销售新生力量，甚至很多明星都成了其品牌代言人，例如张庭、郭德纲、刘嘉玲等。这种代言的趋势，除了让我们感受到微商的成长外，也让我们看到了明星代言始终是不可忽视的营销手段。某某明星随便发一个微博宣传，微商统一在其微博下评论，互动人数就可高达数十万，宣传效果和成果惊人。

但随着越来越多的明星加入微商大军阵营，争议也随之而来。微商要承受明星人设、负面新闻可能会带来负面影响的风险，这也是微商明星代言热浪过去，目前稍显平静的原因。

对于利用明星代言吸引消费者眼球的营销手段，是企业常用的手段，也是销售人员愿意和潜在顾客提起的卖点，原因有二：一是认为消费者会"爱屋及乌"，将对明星的喜欢，转嫁到对其代言产品上，对于其推荐的产品，产生绝对的信任感及购买欲；二是明星的品位在某种意义上，代表着产品的品质和文化价值。在这方面体现最为明显的是房产和汽车。

拿汽车举例。通常购车之人对于明星代言汽车的关注度很高，尤其是年轻人，他们更愿意将品位、时尚与明星气质相结合，愿意将自己的购车行为和明星代言相关联。但40岁以上的人群，对此并不是特别感兴趣，他们更注重产品品质和生活质量，有时他们会认为明星负面新闻多，会影响汽车的品牌形象。

利用明星代言来吸引眼球，也是把双刃剑，若策略运用得当，明星将自己的个性与内涵很好地融于产品之中，企业通过明星这一桥梁与纽带，就能很好地将产品理念传达给消费者，提升品牌形象；但是，一旦明星出现负面新闻，就会给企业带来不利的影响。

明星代言的底牌是其知名度和号召力，企业采用明星代言，是想通过明星的光环效应，迅速扩大品牌的知名度，拉近与消费者之间的距离。因此，明星的人设、气质形象应与产品的定位、特征相契合。

一旦气质相符，消费者就能从代言明星身上，找寻到企业品牌的气质，将对明星的气质的欣赏与认同，转嫁到代言品牌上，这无形中提高了消费人群与品牌的契合度，激发了市场购买力。反之，如果品牌、产品的特质与明星的特质不相符合，那么在激烈的竞争中，消费者也不会对产品产生任何的印象。

汽车作为昂贵的消费品，客户在下决心购车时都比较理性，会考虑价格、配置、性能和外形等众多因素，并不会因明星代言而购买，这就要求企业寻找与产品的定位、形象和气质相符的明星，一是让消费者觉得可以信任，二是让不同个性、不同特质的明星在特定的群体中产生带动效应，提高品牌的知名度。对此，相关企业做的调查显示，大部分18岁以上消费者，认为明星和产品的气质相符是关键，一半的 18 岁以下消费者认为明星的知名度高是关键，这与 18 岁以下的消费者热衷追星有很大关系。

当下，对于明星的概念已经很宽泛，造星直逼高铁的速度，这导致代言所产生的流量和成色也存在越来越多的不确定性，但不可否认的是，能恰当有效地运用这一营销策略，对于提升产品的知名度和形象有很大的帮助。当下，很多品牌已不再盲目追求好处与风险并存的明星代言，开始关注卡通等自身塑造的代言形象，同时注重创意广告的打造，因为自塑形象不存在人设崩塌等影响产品形象的问题。

联想 logo 贴近大众 "两连击"

马云曾给想成为优秀企业家的人，提出了三力概念，即心力、脑力和体力，要树立一个标杆的话，那就是柳传志。马云对柳传志的评价是，可与世界上任何知名的企业家相比，是中国企业界的财富和企业家的楷模，由此可见他对这位老大哥的尊重。他说，联想的战略加上柳传志的眼光，是联想取得了今日了不起的成就的重要因素之一，"这是我们企业界的榜样"。

与马云有同感的还有王健林，他将柳传志形容为中国企业家的领袖和榜样，他为有柳传志这样的兄长和朋友，感到非常骄傲。王健林这样预测联想的未来：凭借其产业布局、各方面的团队，未来的联想可成为百年老店。

标识（Logo）是一个企业、公司的特别象征，它代表着一个企业、公司的文化内涵和尊崇的企业理念。品位高、有特征的Logo能够让一个企业、公司的品牌和形象迅速深入消费者心中，被其熟记。

随着时代的发展，Logo被赋予了新的含义和使命，这就要求它的设计与时俱进，毕竟Logo的更新是一个品牌升级与更新的过程。不少公司都有更换新Logo商标的举动，其中就包括联想。

1984年，柳传志怀揣着20万元人民币，带领他的11名科研人员团队，在北京一处租来的传达室中，创办了"联想"（legend，英文含义为传奇），如今，联想集团的发展，不负其名。

联想更换标识的目的是进军国际市场，到了 2000 年，联想已不再是只关注国内市场的 IT 企业，其发展规模和未来规划已放眼国际市场。但随之而来的问题，就是英文标识"Legend"已在多个国家被抢先注册。为了解决这一现实问题，联想决定重新打造自己的标识，为进军国际市场扫清障碍。

2003 年，联想用"Lenovo"代替原有的英文标识"Legend"，Logo 含义也由"传奇"转变为"创新"，同时在 2013 年、2015 年打造出了全新的英文口号即"Lenovo：For those who do"以及"never stand still"。

对于新 Logo 的含义，联想相关负责人表示："联想的这个 Logo 完全互联网化，变成了一个互联网体系的品牌形象，因为联想现在就要变成一个新的公司，变成什么样无法预知，但一定是与众不同的。"

联想在原有 Logo 含义和图片的基础上，进一步进行了创新和提升，在不破坏人们脑海中固有整体形象的同时，被赋予了新的含义与使命。随着互联网化的进一步深入，标识的含义也越发与实际生活贴近，与国家大事息息相关，让联想的品牌更加深入大众，扎根大众，新 Logo 成了企业发展的新助力。

奥运五环深入人心

在经历了北京奥运会后,国人的奥运知识再一次得到大普及,对奥林匹克运动会以及五环标志都有了更深的了解。从营销角度而言,这种熟悉是莫大的市场,隐藏着诸多可操作的营销手段,是提高品知名度和提升企业形象的良好时机。

从 20 世纪 80 年代至今,每一届奥运盛会都吸引着全世界的目光,五环更是成为全球最被人熟知的标志之一。它由 5 个奥林匹克环套接组成,可以是单色,也可以是蓝、黄、黑、绿、红 5 种颜色。环从左到右互相套接,上下交错,上面是蓝、黑、红环,下面是黄、绿环,整个造型为一个底部小的规则梯形。

1913 年,顾拜旦提议设计奥林匹克标志,其设计图案的原型,直接取自于古希腊德尔斐圣坛上的五环。

最初,国际奥委会采用蓝、黄、黑、绿、红色作为五环的颜色,其颜色选取的原则是,参照当时成员国国旗的颜色,比如瑞典的蓝、黄色,希腊的蓝、白色,法国、英国、美国、德国、比利时、意大利及匈牙利的三色旗,西班牙的黄、红色,日本的白、红色,等等。

最初,五环上的蓝、黄、绿、红和黑环,象征世界上承认奥林匹克运动并准备参加奥林匹克竞赛的五大洲,第六种颜色白色——旗帜的底色,意指所有国家都毫无例外地能在自己的旗帜下参加比赛。自1920年第七届安特卫普奥运会起，五环的蓝、黄、黑、绿和红色开始成为五大洲的象征，分别代表欧洲、亚洲、非洲、大洋洲和美洲。

相比于夏季奥运会，冬奥会的关注度略逊一筹，但也在稳步上升。冬季运动所蕴含的挑战极限的气质，还是将众多赞助商留在了冬奥会的舞台上，其中就包括可口可乐。可口可乐的首次奥运赞助，可以追溯到1928年的阿姆斯特丹奥运会。

1926年，可口可乐公司把发展方向定位为国际集团，并成立了外国销售部，他们把打响国际品牌的营销点定在两年后的阿姆斯特丹奥运会。阿姆斯特丹奥运会吸引了46个国家前来参赛，是向世界宣传可口可乐品牌的大好时机，自此可口可乐的奥运"情缘"拉开了序幕。从阿姆斯特丹奥运会，到平昌奥运会，可口可乐与国际奥委会的合作从未间断。

奥运纪念瓶是可口可乐奥运营销的王牌营销之一，它们会利用每一次奥运合作商的身份，打造切合主题的纪念瓶，以此来宣传自己品牌理念和文化价值。比如平昌冬奥会周期，为纪念与国际奥委会合作90周年推出冬奥限量款纪念瓶，瓶身为流线形铝罐，采用韩式水墨画风，描绘各国运动选手精彩的运动画面，搭配雪白的背景，呼应冬季，展现了运动与人的和谐之美、竞技之美。同时，他们还不忘展示运动与人文精神，在选择人物形象上兼顾了残奥会选手，让人们从中体会到了顽强的奥林匹克竞技精神。

除了在瓶身和产品零售点做文章之外，可口可乐还在其Coca-Cola Freestyle贩卖机中，推出了限量款口味的汽水，顾客可以混搭调配出喜欢的汽水口味，目前一共可以调出150余种组合，达到了进一步宣传自身品牌的效果。

可口可乐在推出奥运主题瓶的同时，也不忘将营销与产品更好地融为一体，进一步激起了消费者的购买兴趣，并让他们自发在社交媒体上传播。

为了俘获碳酸饮料的主体消费群——年轻人的心，它们还专门邀请冬奥会宣传大使拍摄宣传片。在宣传片中，奥运大使与各项冬季运动亲密互动，并适时让可口可乐冬奥会海报亮相，片尾广告语"共同举杯的时刻，更加畅爽开怀"更传达了欢聚与庆祝的主题，让宣传效果达到一个新的高潮，瞬间在互联网形成热度，引发网友围绕着宣传片展开讨论。

与此同时，可口可乐在宣传活动中不错过任何一个细节，比如全民参与的圣火传递活动。在平昌冬奥会圣火传递期间，其在韩国境内选出了1750名火炬手，其中既包括拥有特殊故事的普通消费者，又有与奥运精神和可口可乐品牌精神相匹配的名人。各阶层人士的参加，让可口可乐的品牌形象与大众再次亲密互动，激发了主办国的民众对品牌的认同感，其奥运精神的传递，也在世界范围内，取得了很好的宣传效果。

同样是借势奥运会，可口可乐却借得让人眼前一亮，不再是单纯地凸显品牌与奥运精神的契合，而是走情怀路线，围绕它的奥运情结，展现其与奥运共同成长，让其品牌展现出更多的奥运文化底蕴，形象再次得到了提升。

耳熟能详的七匹狼

1990年至1997年，是我国自主品牌强势崛起的一个关键时期，这其中就有一头来自北方的狼。

"我是一匹来自北方的狼，走在无垠的旷野中。"20世纪90年代，齐秦与他的《北方的狼》红遍了大江南北，与之相呼应的服装业的"狼的传奇"也正在中国南方谱写，那就是七匹狼服饰。

1990年，七匹狼商标注册成功，这是福建省第一家注册的服装商标，也是该省第一家具有独立知识产权的公司。同年，七匹狼推出的双色夹克上市，瞬间席卷华夏大地，产品畅销大江南北，被誉为"中国夹克之王""夹克专家"。七匹狼品牌自此一炮打响，开创了新时代民营品牌的营销先河。

在版权意识还不是很强的20世纪90年代，七匹狼的品牌与产品创新之举，取得了巨大成功的同时也吸引了无数制假的模仿者，模仿七匹狼产品成为当时的一股风潮。

为了维护品牌形象，避免形象受损带来品牌价值的贬损，七匹狼毫不犹豫，果断出手，将生产经营假冒七匹狼产品的商家诉诸法律，这一品牌的维权举动，引起了当时国内众多媒介争相报道，成为追踪焦点，其全力维权使得品牌影响力迅速提升，对整个服装产业的维权起了示范作用。

1995年，七匹狼开始在全国设立自己的专卖店，对企业品牌文化进行

第八章 它们给人眼前一亮

全方位的包装，让"狼文化"成为其标签，"参与到社会价值观的建设潮流中，去弘扬一种能够适应环境、尊重自然、倡导团队合作的生活态度"成为其品牌文化的内核。

七匹狼公司通过讲狼的故事，打上狼文化的标签，拉近了与消费者之间的距离。渐渐地，它们在消费者心中，已经不仅仅是在讲述有关狼的故事，而是在倡导一种价值观，他们告诉消费者如何去对待生活，如何去对待家庭，如何去对待工作。

在打造了得到全面认可的品牌价值理念后，七匹狼开始思考如何进一步拓宽市场、提升品牌形象。在1997年至2005年这8年间，为拓宽市场和提升品牌形象，七品狼把目光锁定在了品质保证"鉴定"和明星代言上，荣获第二届中国服装设计博览会最高奖——金顶奖，进一步奠定了七匹狼男装在中国服装界中领军者的地位。同时，聘请歌星齐秦为七匹狼品牌代言人，让"双狼合璧"，开启了中国民营品牌代言人之风潮。

除了上述两项品牌提升策略之外，七匹狼还将目标锁定在大型国际赛事上，其先后赞助皇马中国行、汽车拉力赛等一系列国际重大体育赛事，开启了自己的体育营销模式，借此塑造品牌时尚领袖的形象。

当时的皇马俱乐部副主席布特拉格诺表示：高度欣赏七匹狼品牌奋斗、进取的品牌个性，七匹狼倡导的"相信自己，相信伙伴"的品牌理念与皇马的品牌形象存有高度的共通性。

2006年至2011年，七匹狼先后赞助中国"俱乐部杯"帆船挑战赛、第五届中国"俱乐部杯"帆船挑战赛、海峡杯帆船赛等赛事，让七匹狼跳出体育赛事营销的局限，同时，也从另一方面展现了七匹狼品牌更加关注高品位的时尚休闲运动，让品牌进一步高端化。

2006年至今，七匹狼品牌从狼之精神与中国男人独特的价值观中，提炼出了"追逐人生，男人不只一面"，实现了品牌内涵纵向拓展的突破，从而赋予了七匹狼更为丰富、立体、独特和鲜活的品牌文化内涵。同时，不断搭建运作高端名士平台，力求通过各领域的名人、名家、明星穿着七匹狼的衣服、演绎七匹狼的品牌文化内涵，提升品牌的高端质感，以点带面，让更多消费者看得到、听得到、感受得到七匹狼对时尚的理解，对经典的传承，对社会主流精神的引领。

继成功牵手张涵予、孙红雷后，又与冯绍峰、李晨、汪峰等携手演绎七匹狼"男人不只一面"的风格魅力。随着更多的明星加入七匹狼的名士堂，七匹狼品牌升级"品格男装"的战略转型也在悄悄完成，完成转型的七匹狼男装更多地凸显了七匹狼对于高品质的追求，以及中西兼容的格调。

随着互联网运营模式的开启，2010年七匹狼再次做出了改变，其与IBM展开了合作，正式启动电子商务项目，自此七匹狼电子商务业务保持了年300%以上的增长，堪称业内的标杆。2011年其收购肯纳服饰，更是标志着七匹狼的国际化战略迈出了重要的一步。

从七匹狼的发展历程来看，我们感受到了一家民营企业的魄力和前瞻性，它每前进一步都具有开创性，这对于一个营销和销售人员而言，有着很强的借鉴意义。因为只有敢闯敢拼，又富有眼光的营销人员，才有机会更早一步捕捉到商机，成为这个领域的垦荒者，为自身成为这个行业精英打下坚实基础。

第九章

让你感觉无处不在

法国香水扬名海外

法国香水和法国人的浪漫为世人所熟知，法国香水也一直深受全世界女性的喜爱，国际较知名的香水大品牌大多出自法国。提起法国香水产地，人们会自然地想到巴黎，其实真正称得上法国香水摇篮的不是巴黎，而是位于法国南部一个不大的城市——格拉斯。

早在17世纪，最迷人的香水出自格拉斯，就被欧洲人熟知。作为法国香水的摇篮，这个法国南部的小城，至今仍是法国香水的重要产地和原料供应地。风靡世界的香奈尔5号香水就诞生于此地，它也为法国赢得了"香水之国"的美誉。

今日，香奈儿是一个包含时装、香水、皮草等多种品牌的庞大企业，但最知名的还是其香水品牌，其NO.5、NO.19、ALLURE魅力、COCO小姐、CRISTALLE等，都被世人所喜爱。真正打响香奈儿香水国际知名度的，要追溯到1927年生产的GARDENIA香水。第一次世界大战期间，由于战争，香奈儿被迫关闭了它在巴黎的店铺，但是它的香水却依然被韦特海默兄弟重新包装宣传，占领了全球市场。

谈论爱马仕时，很多人第一印象是包包，其实爱马仕Racobar香水也是全球闻名，其以木味为主，蕴含恒久清幽的感觉。木味香氛更是赋予了使用者独树一帜的怡人韵味。同时，爱马仕（Hermes）香水专业调香师

Jean-Claude Ellena，采用了"旅行"这一抽象的概念，为我们带来了一款木香调中性香水——当归、杜松子带来凉凉的清新感，雪松、檀香木、白麝香则加入了一缕温暖。香水瓶的设计完全体现了"爱马仕的旅行"的概念，马镫形的旋转外壳让人"身未动心已远"，由设计师Philippe Mouquet设计。

兰蔻香水有六大系列：璀璨香水系列、奇迹香水系列、珍爱香水系列、梦魅香水系列、梦魅男士香水系列、奇迹男士香水系列。璀璨淡香水由两位大师级香水专家奥利弗•克莱斯普（Olivier Cresp）和雅克•卡瓦里埃悉心打造，更多绚烂的玫瑰和茉莉芬芳幻化于珍贵的藏红花和印度香附子营造的独特基调之中，倾动人心的清新由此灿然绽放。这次对兰蔻稀珍香氛璀璨香水的轻柔诠释，创造出一种全新但同样令人迷醉的体验。

巴黎世家香水，生产时间最早于1947年，最新款的香水是2010年，被誉为永恒的经典女香。据说是因为材料的短缺而被迫停产，其还有另外一个中文名字叫"渐入佳境"。

纪梵希这款香水是为了纪念著名女星奥黛丽•赫本而创立的，奥黛丽•赫本曾是一名芭蕾舞者，黑色的练功服与芭蕾舞鞋是奥黛丽•赫本的最爱。纪梵希为玩酷女性设计了一款充满花香的香水，并搭配温暖的木香调，这款迷人的香水因为调香大胆而使人惊喜又着迷。

卡夏尔女香以清新花果香调为香氛主轴，这款在1998年推出的香水，其清淡的花香味，曾被巴黎著名大型化妆品连锁店Sephoua公布为"最畅销女香排行榜"第一名，英国Vogue时尚杂志更评其为当年年度最具代表的女香！

法国希思黎香水是著名的美容品牌希思黎的产品,希思黎所有产品均以植物萃取精华与植物香精油作为主要成分,口碑很好。

自从 1990 年以来,法国在香水和化妆品方面的出口一直占该行业世界贸易的 35% 左右,远远领先于只占 11% 的美国。在其出口产品中,45.6% 为香水,37.8% 为美容化妆品,11.6% 为洗漱用品。法国产品的出口对象主要是欧盟各国,约占 49.9%;其次是欧盟以外的欧洲国家,约占 12.1%;再次是亚洲,约占 11.2%;对北美的出口约占 10.3%。法国该行业的出口历年保持较大的顺差纪录,1994 年的顺差达 217 亿法郎,从而使该行业成为法国第三大贸易顺差行业。2012 年,法国香水和化妆品产业实现 600 多亿法郎的产值,较上一年增长了 4.5%。尽管法国香水面临来自北美和亚洲国家的巨大挑战,但法国香水在世界独领风骚的局面并没有改变。

香水是一种技术产品,更是一种文化,配制香水是一个复杂的过程,调配师是艺术巨匠,他要依据人们审美情趣的变化和要求来创造和调制新品。据介绍,一种新产品的试制一般至少需要一年的时间,而它的推广则需好几年的时间和大量的推广费用。要知道,在已有上千种产品的情况下,再创造出新的有特色的产品,是很不容易的。当然,要把人类现有的 8000 多种香精原料和它们的不同用量进行排列组合,那也几乎是无穷无尽的事。而且随着科学的发展,人们还会发现新的可用来调配香水的原料。

选用香水也很有讲究,香水也有个性。每种香水都具有其意义、内涵和审美效果,所以在选用香水时,要特别注意。

首先,要分清是女用还是男用香水,女用香水在使女性本身得到满足之外,还要对男性有吸引作用,而男用香水反之。

其次,选用香水,要注意使用场合、对象、季节、时间、服饰、年龄、个人和他人身体状况等因素。

当然，要做到个人与他人相宜、场合与时间相宜、浓淡相宜，是件不容易的事，选用香水是对选用者文化素质和个人修养的测定。法国香水卖的不仅仅是迷人的味道，更是在宣扬其背后的香水文化。

1点点奶茶流口水

"1点点奶茶"的发展规模,是其创始人也未曾预料到的。从1994年创建至今近20年的时间中,其走出了我国台湾,在大陆一、二线城市快速扩张,成为年轻人最爱的奶茶饮品之一。

"1点点"的成功是诸多因素的集合体,从店面装修设计上看,其定位是年轻人,装潢设计偏冷淡风,因为喜爱色彩丰富的中老年人很少会花十几块钱买一杯奶茶喝。至于故意拖长制作时间,从我个人的角度看,并不是1点点的初衷,因为这样的营销手段并不高明。1点点出现在南京的两三年里,我差不多是亲眼见证,几乎没有不排队的店,甚至连外卖小哥去了也要排队,大概这就是品质的力量。

现在的年轻人,追求的是绝对高品质下的相对廉价,所以质量过硬时,稍高的价格是可以被接受的。1点点刚好符合这一点,10元左右的均价,有比其他奶茶更好的口感。

对于餐饮业,品牌的创建基础仍然是口味,只有迎合当地人的口味,才能站稳脚跟,以求进一步提升品牌的影响力。随着奶茶消费领域消费者需求的升级,带来的不仅是品牌的更迭,还有消费者口味和饮用理念的转变。人们喝一杯奶茶,不单单是口感,还有性价比、健康和情调,1点点恰恰是抓住了这一点。与人均消费在20元或以上的喜茶、奈雪之茶等主

第九章 让你感觉无处不在

打奶盖茶的茶饮店相比，1点点奶茶的优势在于，其随时与顾客保持交流沟通的运营理念和更加亲民的定价，人均消费不超过15元，还可以免费添加椰果、红豆等配料，可谓好喝不贵。

除此之外，1点点奶茶也十分重视外送服务，而且外送门槛费用比同行还要低，给校园里的学生和写字楼的白领提供了随时随地享用奶茶的机会。例如在复旦大学的学生中，就存在名为"1点点戒毒所"的微信拼单群，它正是1点点奶茶外卖需求的产物，只要有两三个人达成订购的共同意见，这单生意就成了。在某种程度上，外送服务也助推了1点点奶茶的生意。

让1点点奶茶成为一个年轻人酷爱的品牌，门店选址功不可没，毕竟地段决定人流量，商圈决定消费层。对于茶饮行业，其消费群偏于年轻化、时尚化，年轻白领和大学生为消费主力。因此1点点奶茶门店选址，大多位于人流量多且以年轻人为主的地段，比如购物中心、写字楼、高校、步行街、地铁站沿线等。

短时间内，在这些地段的1点点奶茶门店，人气依然会很旺，毕竟最近大热的喜茶、奈雪之茶，二者都是走中高端路线，定位和价格都跟星巴克看齐，扩张目标都以一线城市和超一线城市为主，与1点点不存在大范围冲突，因为此时的1点点奶茶门店拓展已经下沉到内陆二、三线城市。

不过，从长远来看，就未必能持续红火。因为随着消费者消费理念的升级，再加上很多新兴茶饮品牌不断涌现，这些品牌不仅注重品质，也注重颜值，还懂得利用互联网思维去运营品牌。

星巴克咖啡的体验哲学

在 20 世纪 90 年代，无论是在书籍中，还是在影视剧中，去一家咖啡厅喝上一杯热咖啡都是一种品位和情调，这在当时白领圈和小资情调的人群中很流行。这也让当时流行这样两句话：我不在办公室，就在星巴克；我不在星巴克，就在去星巴克的路上。泡星巴克，成为当时白领和小资情调的人群生活中不可或缺的一部分。毫无疑问，这杯名叫星巴克的咖啡，曾经是中国小资的标志之一。

说起星巴克这个品牌的发展历程和在中国的盛行，从营销和销售的角度而言，它并非靠铺天盖地的广告，而是在销售"感受"上独辟蹊径，采用了茶饮业的口碑营销，以消费者口头传播的方式，用咖啡的口感和品牌价值来推动星巴克目标顾客群的壮大。

谈起品牌的价值和文化的建立，舒尔茨谈到了自己的父亲。因为舒尔茨的父亲勤奋一生，却得不到雇主的尊重，让他决心创立一家让员工感到尊重和信任的企业，并打造了星巴克"员工第一、顾客第二、股东第三"的理念，多年来始终如一，通过这样的坚持为顾客创造了一流的消费体验。

喝一杯星巴克咖啡是怎样的一种感受？是不是一种味觉享受，品出不一样的味道，并为之着迷？通过调查发现，星巴克并没有所谓的独有的令人着迷的味道，绝大多数消费者，根本分不出星巴克咖啡的味道和其他咖啡店的有什么不同。之所以愿意前往星巴克喝一杯咖啡，更多的是喜欢其店内的风格和气氛，从中我们不难发现，口碑营销中生活情调和环境的重要性。

对于当下的消费者而言，环境也是选择一家咖啡厅的首要原因之一。在打造咖啡厅环境中星巴克非常注重色彩的运用，门店以咖啡色、绿色为主，给消费者明亮、柔和、温暖、自然的感受，让顾客感到非常的舒适和宁静。试想，透过巨大的玻璃窗，看着人潮涌动的街头，轻轻啜饮一口香浓的咖啡，体验温暖、愉悦的气氛，这非常符合城市生活的感觉体验。由此，产品的超值利润自然得到实现。

星巴克诞生于美国西雅图，于1985年正式成立，经过30多年的经营，已遍布全球30多个国家和地区。对星巴克而言，口碑就是最好的广告。为实现这种口碑效应，服务好每一位客人，煮好每一杯咖啡，把握好每一个细节成为他们的追求，他们力求做到第100位、第200位客人，品尝的仍是第一杯咖啡的味道，享受第一位顾客的优质服务，这是他们赢得良好口碑的重要原因之一。

如何检验"为客人煮好每一杯咖啡？"星巴克建立了一系列考评机制，其中尤以"神秘顾客"最有特色。就是除了通常的理论知识考查和实际操作考查外，他们委托某个具有考查能力的公司，秘密派人扮作顾客，来到各星巴克咖啡分店进行消费，其间对员工的服务、技能、环境氛围等进行全方位考察，然后结合业绩综合考核，才判定某店的服务质量如何、某店员能否升迁，等等。

星巴克品牌文化的形成过程，是一段演绎传奇的历史，其"品牌人格谱"就是将星巴克文化从多个角度进行特定诠释的"符号元素"集合。"星巴克"这个名字，源自美国作家麦尔维尔的小说《白鲸》，其形象是书中一位处事极其冷静，极具性格魅力的大副，大副的唯一嗜好就是喝咖啡。

从星巴克这一品牌名称上，就可以明确其目标市场的定位，消费人群并非大众，而是一群注重享受、休闲，崇尚知识，尊重人本位的富有小资情调的城市白领。星巴克的徽标，是一个貌似美人鱼的双尾海神形象，由年轻设计师泰瑞·赫克勒从中世纪木刻的海神像中得到灵感设计而成。如今，优美的"绿色美人鱼"与麦当劳的"M"一道，成了美国文化的象征。

在欧美的一些专业人士的眼中，星巴克的成功在于，将消费者需求转化为自身服务，在服务中尤其注重体验营销的运用。星巴克品牌核心即顾客体验，是其把典型美式文化，逐步分解成可以体验的元素，如视觉的温馨，听觉的随心所欲，嗅觉的咖啡香味等反馈给全球的消费者，以赢得消费者的口碑，再通过口口相传的模式，逐步扩展，形成一种品牌文化。

星巴克人认为，他们卖的不单是咖啡，还有独特的格调。咖啡更多的是充当载体的作用，消费的体验才是最重要的，毕竟咖啡的消费，很大程度上是一种感性的、文化层次上的消费，文化的沟通需要的就是咖啡店所营造的环境文化能够感染顾客，并形成良好的互动体验。

一个企业的成功，离不开优良的口碑和良好的信誉，以及恰如其分的宣传。归还顾客丢失的物品，门店的经理赢了彩票把奖金分给员工，向外宣传自身的经营理念和员工素养，聘请有听力障碍的人，星巴克通过这些方式展现人文精神，以此来赢得大众的认可，让其形象得到更好的提升。

星巴克为员工提供一种感谢卡，在收到帮助和支持时，员工可以通过发送小卡片来表达。在星巴克中国的办公室，我们看到很多员工把这些卡片贴在办公桌上,既是一种鼓励,也是一种骄傲。看似小巧的沟通工具,为羞于表达的中国员工提供了沟通的媒介。同时,星巴克还通过强强联盟的形式,取得了口碑双重叠加的效果。

通过与Barnes&Nobile、百事可乐等的合作,让星巴克在书店里开设了自己的零售业务点,并致力于开发咖啡新饮品,销往各地。星巴克借用了百事可乐100多万个零售网点,而百事可乐则利用了星巴克在咖啡界的商誉,提高了产品形象。

星巴克连锁式的扩张,得益于星巴克给自己的品牌注入了自己的价值观,并把企业文化变成消费者能够感受到的内容和形式,让其融入其中,成为这种文化的推崇者和传播者。

为了保证经营全球化和品质全球化,他们一直采用直营路线:由星巴克总部进行直接管理,统一领导,目的是控制品质标准。通过这种模式,让每家店都由总部统筹管理和训练员工,保证了每家海外店都是百分之百同标准同品质的服务,进而赢得同口碑。这对一家跨国企业而言非常难得,相比于实行不同标准的跨国企业而言,星巴克更注重口碑的行为,远高明于那些卖品牌的企业。

口碑的赢得,离不开先期的积累和培养,在这方面,星巴克虽然初期投入的资金较大,但是职员的专业素质高,便于咖啡教育的推广,也同样为其后期发展夯实了基础。

为了提升顾客的消费体验,星巴克还十分注重针对顾客的需求开发新的服务内容,他们尝试各种经营思路,吸引人们步入店内,延长驻留时间,以求每一位进店的人都能点上一杯咖啡静静品尝。播放爵士乐、美国乡村音乐以及钢琴独奏曲等,就是让顾客停留下来喝一杯的重要手段。在这种颇具情调的环境中，让很多时尚、新潮、追求前卫的白领阶层感受到了舒适，觉得在这里小憩，得到了精神安慰，催醒了内心沉睡已久的怀旧情感。

星巴克在向亚洲国家扩张的过程中，不得不面对的问题是：让喝茶的人群爱上喝咖啡，必然会遇到情绪上的抵触。为此，他们首先着力推广"消费教育"。消费教育一般选在顾客较多时，时间控制在30分钟左右。各分店每周必须为顾客开设一次咖啡讲座，主要讲解咖啡的相关知识，比如如何自己泡制、器具如何使用等。上海星巴克正计划实施一项名叫"咖啡教室"的服务，其内容是：如果三四个人一起去喝咖啡，就为其配备一名专门服务的咖啡师，目的是传达结伴前往星巴克的顾客人数正在呈现上升趋势这一信息。

星巴克以及海底捞的服务理念，都是服务至上，让消费者感到亲切，他们通过贴心、走心的服务，让消费者自愿为之免费传播，形成良好的口碑。

佳能感动常在

对于尼康、佳能这两款品牌，70后、80后、90后这三代人都很熟悉，因为很多人第一款入门的单反相机就源自这两款产品，对于佳能那句"感动常在"的宣传语更是深有感触，似乎能勾起一段回忆。

对于这个品牌，人们印象最深刻的除了佳能是优质高端影像产品之外，还有就是其始终坚守的"感动常在"的价值观。谈到"感动常在"这句广告语的来源，佳能公司总裁小泽秀树说是受一句宣传语的启发，那就是佳能在中国香港举办活动时，宣传牌上说Canon香港加油！正是这句话，成为佳能亚洲营销集团企业口号"Delighting your always"（感动常在）的来源。

佳能（中国）官网中"女生爱单反"的活动板块，通过邀请具有影响力的女摄影师与喜爱摄影的女性消费者进行互动，不断开发拓展女性市场；佳能自2008年开始举办感动典藏影像大赛，聚焦于用影像发现生活中的感动细节；佳能的大部分广告片也都以消费者日常生活情节为出发点进行创意创作；2016年佳能开发出"大影家"手机应用，打造自己的社交平台，与用户建立稳定的互动方式。

佳能在100D上推出了白色款，非常受女性消费者的认可。这都源自其起初的创作理念，作为一名女性，时尚的相机可成为她服饰的一部分，流行的一部分。佳能有一个目标，就是佳能相机能够让每一名女性有这样一个梦想，那就是成为陈漫小姐那样的专业摄影师兼模特。

读书、看电影、旅行是当下年轻人的共同爱好中最普遍的三种。针对女性朋友，旅行自然离不开一款可以让人美美的相机，对此佳能特别推出针对女性的卡片相机N2，这款相机有中国女孩喜爱的一些功能，比如美颜。由此可见佳能在不断寻求新的突破，以面对中国女性这一巨大的消费群体。

"感动常在"帮助佳能塑造了真诚温暖的品牌形象，也将佳能与其他竞争品牌有效地区分开来。在中国销售的20年，用优质产品彰显品牌实力，以差异化姿态塑造品牌的价值，以无限感动与真诚提供品牌关怀，是佳能成功的关键。他们销售的不单单是一种产品，更是在销售一种文化、感觉、感动，正是这种富有情怀的运营模式，才保证了佳能始终与中国年青一代保持亲密距离，让其愿意选择这款相机。

我们都知晓"感动常在"并非指产品价格，在价格方面他们的定位仍是主流价格，之所以让几代人选择，原因主要是使用习惯和实际需求，因为只有了解消费者需要什么，才能谈到提供感动。

价格、品质、服务三者缺一不可，尤其是服务，对于电子产品而言，没有好的售后，给客户带来感动根本无从谈起。比如说在海外相机出了故障，怎么去修，在什么地方修，这是困扰他们的问题。佳能很快就意识到了这个问题，他们率先推出了ATPP，在亚洲的11个国家和地区推出了本项服务，并为中国人专门设立了一个专用的呼叫中心。比如你去韩国拨打呼叫中心的电话，会有中文接线员提供中文服务咨询，这样就可以使我们的海外游客感到安全放心，通过这种做法最终实现感动常在。

佳能无处不在的客服，让很多人感受到了真正的全方位立体服务，让人有一种安心的感觉，尤其是当下全民旅游热的时期，这种延伸服务，赢得了更多消费者的认可。

vivo 让自己无处不在

提起 vivo 密集的营销度带来的成功，《华尔街日报》曾撰文用"主要借助于渠道和营销赢得市场"来描述 vivo 的成功，认为他们主要依靠搭建细密如神经组织的销售网点，以及各种广告、营销的助攻在国内打开了市场。

需要注意的是，这一模式被许多中国手机品牌研究、复制，却没有一家能够做出可媲美的效果。随着冠名《吐槽大会》等热门综艺节目，在中国智能手机市场，vivo 近期开始火爆霸屏，出现爆发式增长。根据 IDC 报告显示，vivo 在 2016 年第四季度出货量超 2400 万部，占当期全球市场份额近 6%，实现了同比 104.7% 的增长。

从发展历程上而言，vivo 一直是一家比较低调的企业，与当下随处可见的大面积宣传形成极大的反差。究竟是何原因呢？其中最普遍的观点是，其增长的原因是 vivo 近年来渠道规模以及铺天盖地的营销策略的转变。但易被看到的表象，更容易导致外界忽略对其背后本质的探寻。

vivo 的成长，首先让人想起的是步步高，因为其最初属于步步高电子有限公司——步步高通讯电子（vivo 前身）。vivo 步入手机领域主打的是音乐手机，定位则是国际时尚品牌，与国内品牌形成错位竞争。

如今，vivo 已成为国内最成功的手机品牌之一。vivo 从 2011 年发布第一款手机至今,其内核始终未变,即围绕音乐和拍照,这也成为vivo的闪亮名片。近期,vivo主推Xplay系列、X系列,功能方向依然聚焦于拍照和音乐。

在智能手机发展过程中,vivo一直扮演着有主见的跟随者角色,不片面追求眼前的规模和利润。2014年开始,随着运营商宣布连续三年大幅降低终端补贴策略,长期依靠运营商渠道的国产手机迎来了"寒冬",大多数厂家出现了品牌受损、业绩不堪的状况。此时的vivo,正在致力于品质提升和用户体验的研发,而外界一直认为vivo在模仿苹果iPhone手机。

但不能否认的是,模仿是人的本能,没有充足的模仿就不会思中有变,形成自己的思维和创造力。vivo显然在iPhone上学到了很多,这也是其产品在用户体验等方面都能看到iPhone的影子的原因。

在面对小米依靠电商渠道的强势崛起,跻身全球前五时,vivo和大多数手机品牌一样,面临着一个艰难的选择,那就是是否选择线上渠道以及推出自己的互联网手机品牌。通过一次次讨论,最终vivo还是选择了坚持,坚持了自己的线下代理商渠道,坚持"用户对于手机品牌的概念是不分线上与线下"的这一理念,只要做到服务统一,就是一个品牌,况且当时vivo也没能力做第二个品牌。

据Counterpoint提供的数据显示,在2016年第四季度,中国手机在印度的市场份额达到了46%。其中,vivo的市场份额最高达到了10%,扩大市场份额的同时,vivo也将生产基地搬到了印度。vivo印度工厂是其海外最大的工厂,月产量达100万部。

除此之外,vivo擅长的娱乐营销在印度颇受关注。vivo与印度板球总会(BCCI)合作,成为IPL(板球超级联赛)主冠名合作伙伴。这项赛事是印度人最关注的体育赛事之一，观众上亿人，这对 vivo 产品的印度推广起到积极作用。由于板球营销策略运用得当，很多印度人甚至认为 vivo 是本土品牌，足以看出 vivo 对本地人使用手机习惯的了解，这也是其真正有能力走出国门的重要原因，它做到了让当地人喜欢这款手机，并爱不释手。

第九章 让你感觉无处不在

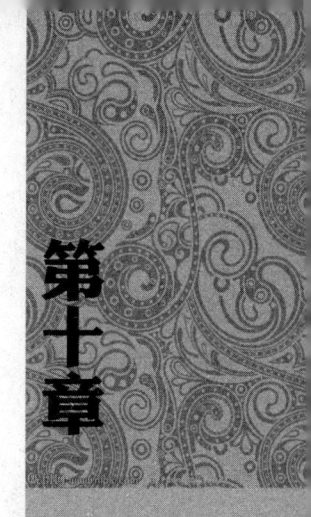

第十章

使人流连忘返

全聚德烤鸭四海文明

我国是一个讲究传承、注重品牌信誉的国度，对于一些传承百年，甚至千年的手艺和老店，有着莫名的信任，并且这种信任是"父一辈子一辈"，比如像全聚德这样的百年老字号，其招牌烤鸭更是几代中国人的记忆，其口味更是享誉中外。

随着时代的发展，传统经营模式向互联网模式转变，百年老字号也备受冲击，这种冲击最大的集中点就是经营理念。老店面与线上店格格不入，是坚持线下服务，还是两条腿走路？对此，全聚德选择了后者，在2005年与首都旅游集团、新燕莎集团合并重组形成崭新的全聚德，与丰泽园、仿膳、四川饭店等优秀老字号餐饮品牌企业一道组成了首都餐饮联合舰队，至此，全聚德进入了一个新的发展阶段。

利益至上是商家的价值观，古今中外，这都是不变的。商家追求利润无可厚非，综观中外知名公司，只有那些信奉"利润至上"的企业才能做到卓越。企业要想健康持续发展，就必须选择一个适合自身发展的平台。面对线上服务的兴起，全聚德在经营模式方面也不得不重新思考，做出上述的改变，进一步扩大传统烤鸭在全球的知名度。

说起线上服务，对于一家百年老店而言，首先想到的就是需要一家专业的运营公司为其打造销售体系，这种销售体系要建立在二者在未来发展理念上的契合的基础之上。全聚德和易龙天网合作之前，已经有很多网络公司与全聚德联系，意图合作，为其提供制作官方网站等服务，推广全聚德这个老字号的品牌。这些网络公司的推广创想，引发了全聚德集团更深层次的思索：一方面认为建设网站是企业信息化的必由之路；另一方面又感觉网络营销是虚拟的，在这方面缺少经验。

对于全聚德今后的发展方向和经营模式，全聚德相关负责人这样定位，即"做中国第一餐饮，世界一流美食，国际知名品牌"。这个定位或者说愿景，不可谓不大，相关的网络公司，包括易龙天网，都给出了自己的解读和未来发展规划，最终他们选择了易龙天网给出的建议，将自身建设成为一个大型的集团化网，所宣传的主要方向是集团的规模化和企业文化，不单单是"烤鸭"这个招牌上，要把企业文化上升到一个更高的层次，即"中华的饮食文化"。

全聚德是中国著名的百年老字号之一，具有浓厚的中国传统文化底蕴，受到了海内外人士的喜爱，在网站和动画设计上他们也遵循了这一思路，力求做到有中国特色，能展现中国饮食文化，又能体现国际化。这样一来，公众不再只将全聚德与烤鸭挂钩，他们还包含若干个子品牌，全聚德的经营不仅仅停留在烤鸭上，他们开始走集团化的道路，不排除和其他品牌进行战略合作，最终实现将全聚德打造成一个集高、中、低不同档次的餐饮品牌联合舰队的目标。

网站的上线改变了全聚德集团原来的营销模式，为公司的整体发展带来了巨大的推动力。在当下，全聚德利用网络平台宣传烤鸭，打造网上老字号品牌，无疑走在了行业前列。

高起点的营销平台、完善的服务、积极的宣传为全聚德集团提供了发展的动力，筹备、推广、营销，互联网让全聚德收获颇多：新网站刚刚建成之时，各连锁店的客流量明显增加，为老字号全聚德创造了可观的利润；全聚德走上网络营销之路后，不仅在国内的餐饮市场巩固了品牌形象，还经常接待来自中国台湾、日本、东南亚、欧美等国家和地区的游客，这为打开国际市场奠定了坚实的基础。可以预见的是，第一个吃螃蟹并成功的全聚德，无疑为中国众多老字号打开了另一扇门，互联网＋的营销模式将成为老字号运营推广的又一重要利器。

第十章 使人流连忘返

沁心的茉莉清茶

网络营销，诞生于20世纪90年代。随着网络信息技术的发展与消费者价值观的改变，营销不再局限于单纯的线下模式。以国际互联网为基础，网络营销模式集时域性、富媒体、成长性、整合性、超前性、高效性、技术性于一体，与传统营销模式相结合，为消费者提供更为便利的高效消费体验。

对于"爱"这个神秘字眼，有人将其总结为源自内心的情感，也有人简单直接，即柴、米、油、盐、酱、醋、茶。可"爱"这个字，实在包含了太多的意义。康师傅茶饮料就在这个字眼上，打造了属于自己的特有品牌属性，并取得了巨大成功。

尼尔森数据称，2016年，康师傅在茶饮料市场独占半壁江山，稳居市场第一位。近年来，康师傅茉莉系列，更是全面开启"浪漫攻势"，从线上延伸到线下，不断强化浪漫的品牌调性，将"茉莉告白瓶"打造成专属告白神器，进一步带动了品牌销量，这一次的成功尝试，对于巩固其茶饮料的强势地位大有裨益。

2月14日作为女神们的重要日子，成为众多商家用到的重要时间节点，茉莉清茶也是一样，他们以"每个月的14日都是情人节"为主题，为每一个月的14日定义一个主题展开浪漫营销活动。比如5月14日"玫瑰情人节"；

6月14日"亲吻情人节";7月14日"银色情人节"等,三个情人节,展开为期三个月的"遇见茉莉浪漫一世——浪漫花房清蜜合影行动"。

在"情人节"当日,8辆铺满纯白色茉莉花瓣的"康师傅茉莉清茶浪漫房车"驶上街头,展现"爱"的浪漫,无数张感人的情人节温馨合影,记录下一个个故事,不分年龄,不分行业,为康师傅茉莉清茶浪漫房车所经过的每一处,留下一丝茉莉花瓣的清香。送出温馨动人的浪漫惊喜的同时,也展现出康师傅茉莉清茶是为浪漫而生,宣扬浪漫的主题,使其品牌文化与浪漫紧密联系在一起,让人一提到茉莉清茶,就想到一个名词——浪漫。

为不错过任何与"爱"有联系的日子,让"爱"彻底绽放,在5月20日与七夕情人节,康师傅还推出"康师傅茉莉清茶520清蜜一夏"活动及"康师傅茉莉清茶'遇见茉莉浪漫七夕'活动",让爱的宣传再一次出现一波高潮。90天时间,康师傅茉莉清茶多次举办大型浪漫主题活动,宣传的广度可见一斑,这让康师傅茉莉清茶的"浪漫营销"之道,得到淋漓尽致的展现,让爱与康师傅紧密联系在了一起。

近年来,在茶饮、碳酸饮料、功能饮料等饮品中,在饮料瓶上的创意营销越来越多,比如可口可乐的昵称瓶、歌词瓶,味全系列的拼字瓶,围绕瓶子进行营销的经典案例可谓层出不穷。对此,茉莉清茶也推出了自己的告白瓶,再现浪漫主题,开启"浪漫告白"。

为了让浪漫主题热度再度攀升,康师傅再次运用了流量明星的号召力,他们选择了赵丽颖和杨洋作为"告白"代言人,凭借着电影《乘风破浪》人气再度飙升的赵丽颖,与杨洋一起组成浪漫"告白"CP,无疑形成"1+1＞2"的效果。2017年2月14日,赵丽颖在个人微博宣布代言康师傅,当条微博转发量接近 300 万次。两位颜值和实力兼具、炙手可热的当红明星自带 IP 属性，不得不让人感慨康师傅茶饮无愧于"最懂粉丝的品牌"。

如今，90 后、00 后全面登上历史舞台，成为当之无愧的消费主力军。相比 70 后、80 后，他们更追求个性的张扬，勇于表达真实的自我，愿意秀出自己的风采。为了更好地与这些年轻人互动，玩法多样、又能让年轻消费者可自行创作发挥的"茉莉告白瓶"便应势而生，再配合"赵杨"代言 CP 话题，以及浪漫告白场景的营销推广，让康师傅茉莉茶成为专属的"表白神器"。

此次的"茉莉告白瓶"，"告白"的内容也不仅仅局限于爱情，可以向朋友、闺蜜、亲人、爱人传递不同的告白心声。消费者在体验产品的过程中，也能获得更深层次的情感共鸣。

以上不难看出，私人订制+H5 互动，强化粉丝黏性，私人订制你的爱，康师傅"茉莉告白瓶"，如同诸多品牌瓶系列一样，都是在与年轻人形成某些方面的情感共鸣，以达到营销目的。只不过康师傅的主题，让当下的年轻人体验到了真正的"私人订制"款真情告白，这种方式无疑抓住了年轻人的心，让当下年轻人因此选择该款浪漫茶饮。

稻香村由景而生

每一个中华老字号品牌，其背后都有一段传承发展史，都有其特有的文化内涵、生产技术、经营哲学、价值观念。经过上百年的文化积淀，中华老字号成为一面深入人心、值得信赖的品质招牌，为其品牌的现代开发、延伸，创造了得天独厚的优势和条件。

对于中华老字号企业的品牌价值，在本书介绍北京全聚德时就有所提及，每一个老字号都是历史、文化的积淀与凝合，都被赋予了深刻的华夏文化内涵。这种对"老字号"的认同感，随着时间的积累，已经深深扎根于国人的内心，形成了巨大的商业品牌价值。2006年，国内相关部门发布的《中华老字号品牌价值百强榜》中，北京同仁堂以29.55亿元的品牌价值高居榜首，全聚德以15.36亿元位列第10，可见老字号品牌价值是巨大的，这种价值背后代表的是消费者的认同度和信赖度。

这些拥有悠久历史及百年荣光的老字号，早已成为信誉的保障，品牌价值早已不仅体现在使用价值上，更体现在自身招牌的影响力和传承下来的信赖感，用通俗的话讲就是，"吃的就是这个味道、用的就是这个质地。"可以说，老字号企业品牌价值，有着广泛的市场认同，是一种无形的品牌资产。

老字号是建筑文化、饮食文化、商业文化、民俗文化等的集合体，其承载的文化，既有十分鲜明的中华文化符号，又有着难以割舍的中华文化情感。屹立百年不倒的老字号，伴随着时代的变迁，总会做出恰到好处的改变。

随着"新零售"概念的出现和取得的良好市场效果，"老字号"再次与社会"变革"产生了冲突与摩擦，最终在摸索中，他们顺应时代，实现了符合自身企业特色的、独到的发展路径：他们有的放手拥抱新零售，放大企业价值，实现老字号与新零售的高度融合；有的逐渐找到节奏，与新零售携手开启老字号发展的新篇章。

苏州稻香村始创于清乾隆三十八年，持续经营已超过245年。当年，乾隆皇帝下江南品尝稻香村的糕点后，赞誉其气味"食中隽品，美味不可多得"，并赐葫芦牌匾，让其从此名扬天下。苏州稻香村（稻香村集团前身）是"稻香村"品牌创立者，至今，无论战乱还是动荡，苏州稻香村一直持续经营，不曾间断，究其原因，"变"与"不变"成为其屹立不倒的秘诀。

如今稻香村已不单单是一个食品品牌，而且是一个集团的品牌，这句话读起来似乎有点绕，其实想表达的就是生产和销售模式的现代化。它已经告别了传统，成为一家集研发、生产、销售于一体，营业额超100亿元的现代化大型食品集团，并在江苏、山东、湖南、云南等地建有原料基地，在全国有近600家专卖专营店，覆盖全国大部分区域，并以每年近百家的速度扩张，扩张速度之快，远超同行业相关企业。多年来，稻香村人将他们的成功总结成了一句话，即"不变的是匠心，变的是技术"。

稻香村相关负责人就此曾表示："糕点制作始终保持古法技艺，手工技艺一直以师徒形式传承，包括采买、选料、外皮的制作工艺等，都是通过师徒间的心口相传而传承下来的，所以才能保持今天这个味道。"由此可见，"匠心"是稻香村引以为傲的地方，严谨的师徒传承体系，更是稻香村品牌经过两个半世纪屹立不倒，保证产品风味依旧的前提。

稻香村品牌创立至今已 200 多年，其苏式月饼制作技艺也被列入"非物质文化遗产"保护项目，名扬海内外。但稻香村并没有因此而自束手脚，他们依然在适应时代的需求，不断求变，比如以"工匠精神+科技支撑"积极改良中式糕点，降低糖度，从选料到制作技艺做到精益求精。

稻香村苏式月饼第六代非物质文化遗产传承人艾满曾对媒体这样介绍自己和稻香村，"作为一个持续经营 245 年的民族品牌，稻香村长盛不衰的经营心得，总结起来就是两个字——尊重：尊重食材、尊重技艺、尊重消费者"。为迎合以 80 后、90 后为主要消费群体的新市场，稻香村做出了很多创新：注重健康，做到"低油""低糖"；注重当下人携带习惯，将原有的大包装改为小包装等。当然，仅仅从产品本身做简单的改变是远远不够的。

稻香村集团与时俱进，抛弃老字号的品牌优越感，积极开发和使用新的技术，采用新的经营模式，以此来适应新时代企业的发展，做到传承创新，以适应当代人的消费模式与消费行为。新零售时代，老字号如何突围？在稻香村看来，新零售不仅不会影响稻香村的发展步调，反而为稻香村的发展提供了新的契机。2009 年，稻香村开始试水线上销售，且连续多年保持较高增长态势；2017 年，稻香村线上销量占总销售量的 30%。中秋期间，稻香金牌月饼礼盒单品销量突破 100 万盒，足见其线上销售的效果。

此外，稻香村不断尝试各种营销模式，拉近老字号与年轻人的距离。比如，热播的电视剧《琅琊榜·风起长林》中就有稻香村订制版桃酥的 IP

合作。同时，稻香村积极开展与天猫的合作，利用其网络大数据服务，在文化、情感、创意、创新以及线上、线下等方面进行多维度融合，助力稻香村品牌升级，从而打造了新零售时代的新型"稻香村"经营模式。特别在天猫"过年不打烊"活动期间，大年初一到初五，稻香村在北京海淀、南锣鼓巷、望京、顺义、东城等门店，率先开通了"一小时达"业务，足不出户也能一键召唤糕点礼盒极速送达，这项举措在迎合当代年轻人购物习惯的同时，也大大提升了在年轻人心中的好感度。

对于稻香村走向新零售，行内人士认为这是老字号品牌转型升级的序曲。老字号借助移动互联网与新零售形式，打破地域限制，提升国人的消费体验，让更多传统文化融入现代生活，无疑是适应新时代、寻求新发展的必由之路。线上线下模式，双轨并行，让美味安全的食品与多彩的传统文化相结合，满足人民日益增长的美好生活需要，无疑会重新唤起消费者对中华老字号、传统文化与中国民族品牌的喜爱和认同。

第十一章

让人自然亲近

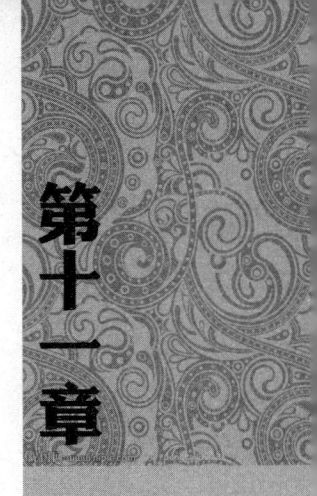

使人自然亲近的大 M

对于大 M 标志下的麦当劳，国人非常熟悉。麦当劳刚进入中国之时，更是引起了食用热潮。70 后、80 后、90 后这三代人对麦当劳都有深刻的食用记忆，麦当劳更是学生时代的小奢侈食物，不轻易食用。麦当劳进入中国后，门店从一线城市开到三线城市，覆盖了大多数城市的商业街和繁华路段，以及现在高铁、机场。提起麦当劳的标志，大家第一印象就是黄金双拱门"M"，象征着欢乐与美味。

麦当劳之所以选择这个标志，我们可以从美国心理学家路易·切斯金的研究中看出一些端倪。他指出双拱 M 成为全球最具识别性的标志，是因为"它就像是母亲的双乳"，能够唤醒童心，回想起自己咿呀学语的懵懂期，麦当劳采用这个标志，就像逗小孩一样"唤醒了亿万人的内在童心"，让人自然亲近，产生饥饿感和好感。

逛街对于绝大多数的年轻人及几乎全部的女性而言是一件快乐的事，但比较令人讨厌的是，在逛街时突然内急，还一直找不到卫生间。这时类似于麦当劳的快餐店就成为主要寻找的目标，因为这些门店都配备干净整洁的卫生间，并且不会因为你没在那里就餐而"另眼相看"。通常麦当劳在后门的位置上都设有卫生间，虽然其卫生间很小，但干净整洁又有卷纸，并且还安设儿童用的便桶和洗手池，不会让上厕所的人出现无纸可用的尴尬场面。

有很多人会有疑问，当今很多快餐店都可以进入并使用其卫生间，这有必要阐述吗？这种说法没有错，但在20世纪90年代，在国内一些餐厅，开放自家餐馆的卫生间是不能想象的事情，通常未得到允许，非顾客人员是不能够使用餐厅里的任何设施的，包括厕所在内。

用餐完毕，再多逗留一刻都会让顾客处于尴尬状态，这种情况，无疑削减了双方"自然亲近"关系的搭建。麦当劳进入中国，才带来快餐行业的公共意识观念。同时，为了适应中国人的就餐习惯和需求，麦当劳舍弃了在西方的快速而精准，将快餐在中国慢下来，让人享受安宁闲适的休闲气氛，不时点一点小食，然后坐下来一边慢慢品尝，一边聊天。

7元一杯现磨咖啡的推出，让喜欢用咖啡表达自己中产阶级品位的白领阶层，找到了一个在麦当劳停留的理由。在这个极速飞逝的时代里，麦当劳作为一家快餐店，反而成为时光放慢的空间，这不得不让人思考，尤其作为一名经营者和销售人员，是否还停留在急功近利的快时代。

从麦当劳的经营理念中，我们发现，作为一名销售，当你向潜在客户推销产品的时候，在宣传产品的质量等之后，告诉他这种产品将对其生活品质、生活态度产生质变的重要性，因为这是潜在客户继续倾听，并购买商品的重要理由。在他们眼中，你展现的不仅仅是一件商品，更是一种高品质的生活，以及享受这种生活的情怀！

热衷本土化的肯德基

南方人吃汤圆，北方人吃元宵，这两种东西极易混淆，虽然是同类产品，但在不同地域，时常会出现水土不服的状况。从这点出发会发现，无论是作为一名销售人员，还是品牌策划人，地域化和本土化都是不可忽视的思考方向，如果不加以思考，难免出现"滞销货"的状况。

西方的品牌也是如此，尤其是在快餐领域，只有进行本土化，才能真正扎根发展，肯德基就是一个典型例子。肯德基在中国取得空前成功，总结出的诀窍概括起来就是四点：市场环境、人才、市场策略及执行。对肯德基这样的外国公司而言，在我眼中最重要的就是市场环境，肯德基的成功就是尊重中国的市场环境，充分了解当地市场环境，不断进行本土化的尝试，赢得了大众的认可。

肯德基的本土化战略是其在中国市场成功的另一个重要因素，因为作为有五千年饮食文化的国度，饮食已不单单是满足食欲，通过几千年的积淀，中国人的饮食习惯已经形成，同时也存在着地域性的差异，川鲁粤和江浙四大菜系的形成就是明显的例证。

在中国，"融合"才是硬道理，肯德基恰恰比一些外国同行更早地认识到了这一点，也比其他同行更快速地引进了新产品。同时也不得不承认，肯德基以鸡肉为主要食品这一点使它在中国市场占尽优势。毕竟中国人最偏爱吃猪肉，其次是鸡肉，而后是牛羊肉。

认识到这一点的肯德基，从踏入中国市场开始，就努力尝试本土化口味产品的开发，推出更适合中国消费者口味，尤其是年轻人口味的产品，这也是肯德基连锁店门店数量是麦当劳两倍的原因之一，而在中国以外恰好相反。虽然肯德基传统美式炸鸡已得到广大中国消费者认可，但其并没有松懈发展新产品，目的就是能更迎合中国消费者的口味。肯德基推出的老北京鸡肉卷配海鲜沙拉以及辣鸡串、中国式的油条等产品，让洋快餐有了中国"味"，自然而然地让更多人走进去。

时至今日，肯德基在中国餐饮业的领先地位仍牢不可破。原因是其总是快人一步捕捉到新的营销点，推出新的"味道"，这让肯德基进入中国市场后，从最初中国一线城市的街头风景，成为现在全民熟悉的快餐食品，不可否认的是，它成功地适应了国人的饮食习惯。

为了更好地适应中国市场，找寻新的营销模式，让其始终出现在大众，尤其是年轻人的视野，肯德基把眼光放在了热门综艺上。2017年《奇葩大会》深受年轻人的好评和追捧，跟《奇葩大会》合作的品牌，在年轻人的心中占领一席之地，让他们自然对其产生好感，或增强好感度。

肯德基决定与之合作，在恰逢"鸡年"之时，通过《奇葩大会》口播的"鸡年全家提桶鸡，肯德基全家桶"，迅速成为网络流行语，让肯德基的品牌影响力再次得到提升。

2018年，肯德基将代言人换成黄渤，然后顺势推出跟黄渤合作的微电影。此片由黄渤的"真实经历"改编，内容是一个穿越到过去，遇到年轻时的自己，然后彼此鼓励，不忘初心，积蓄力量，做自己想做的事情。

微电影的结尾还留下一个文字彩蛋："黄渤导演作品，2018年暑期上映。"这是一个彩蛋,也是预热,黄渤真的有一部导演处女作要在暑期上映,这不是剧情,这是事实,是他的一个圆梦之旅。哪一位年轻人不憧憬自己的圆梦之旅呢?这种共鸣,无疑增强了年轻人对肯德基的认同感!

第十二章 让人自然亲近

童年的梦幻之城

对于迪士尼，80后、90后、00后这三代人并不陌生，在童年的记忆中，留存的是迪士尼的动画和电影，以及乐园"冒险"的快乐时光。经历了百年经营的迪士尼，以欢乐和梦想的体验，引得无数人流连忘返，其倡导的创造"欢乐"精神和经营理念，让人印象深刻。从某种意义而言，迪士尼的成功，卖的不是游乐而是"欢乐"，让人提到迪士尼首先想到的是，去迪士尼玩一定会是"欢乐"的。

对于迪士尼乐园，国人最熟悉的莫过于香港迪士尼乐园，其展现出的宣传手段和营造的现场氛围，留存在很多人的记忆中。迪士尼高层频频现身说法，阐述经营理念，是其一道别样的景色，更是对宣传乐园理念和品牌文化起到了巨大的推动作用。委任乐园"名誉大使"和"亲善大使"推广迪士尼文化；在酒店专门为残障人士设置专用的客房；举办"社区关怀日"和"公益日"……迪士尼通过这一系列"亲善行动"，有力地传递了"以人为本"的品牌文化和对人文的终极关怀，在社会大众心目中建立了"亲切、值得信赖"的品牌认知。

熟悉香港迪士尼运营模式的人都知晓，迪士尼非常注重整体的营销，尤其是营造与顾客的亲切感方面，他们的报道通常是地毯式的轰炸，在短时期内各个角落都有其宣传的内容，让人在脑海里形成深刻的印象，这也让每一家迪士尼的开业几乎都成了媒体和社会关注的焦点，比如香港迪士尼。

有的放矢，是香港迪士尼乐园成功的原因之一，他们把消费群体锁定在家庭，目标区域市场锁定在中国香港、中国内地和东南亚。对此，他们在语言方面，以粤语、汉语和英语为官方语言。

在食物供应方面，迪士尼以亚洲菜色为主；在市场推广方面，以中国内地、中国香港、东南亚等为主，在中国内地进行的推广中，将深圳、广州、上海和北京作为重点，将推广的精华部分，都选在了这几个城市，并通过大型城市的热点辐射效应，向周边城市，乃至全国扩散，这种重点分明的营销策略，正是其"策略清晰，有的放矢"的直接体现。

好的营销推广策略形成之后，需要的不单是执行力，更需要决策层合理的整体布局及大刀阔斧的宣传魄力。

香港迪士尼乐园建设计划于1999年11月对外公布，2003年1月12日正式动工，2005年9月12日正式营业。当时，在尖沙咀的海港城、香港机场、沿街的便利店，随处可见带有迪士尼的卡通人物形象米老鼠的商品，迪士尼授权的商品，小到圆珠笔、皮具、月饼，大到珠宝、手机，纷纷在香港卖场热卖。当时的一份调查报告显示，香港近80%的儿童或青少年拥有迪士尼卡通人物有关的物品。

在策略和布局合理的基础上，香港迪士尼乐园开始在营销活动中持续发力，其中最为经典的就是与可口可乐开展的联合促销活动。2005年4月，香港迪士尼乐园集团与可口可乐公司正式宣告合作，可口可乐成为迪士尼乐园内唯一指定的饮料供应商，从4月15日起在中国内地与迪士尼联合推出"金盖"促销活动，为1万名中奖者提供三天香港迪士尼乐园免费游，并送出多达1亿份的免费赠饮。

在此次促销活动中，随着可口可乐的"揭金盖，畅饮畅赢"广告语频繁在电视、报纸、网站、户外广告和商场等不同的地方出现，香港迪士尼乐园再一次成为国民关注的焦点。

迪士尼非常珍视与社会大众的良好关系，因为这关系到品牌价值和企业形象的塑造。良好的社会关系，无疑是赢得顾客好感、创造和升华品牌价值、打造一种亲切而又值得信赖的企业形象的重要手段。

香港迪士尼乐园在经营中非常重视与媒体、渠道、社会大众等各种团体的关系，从细节着手树立良好的品牌形象。比如当环保组织对其提供鱼翅的做法提出质疑的时候，香港迪士尼乐园毅然将鱼翅撤下餐桌；在两家酒店设置专为残障客人准备的客房；等等。

2005年6月15日，香港迪士尼举办免费招待2000名迪士尼幻想工程师及家属的"感谢日"时，向每名宾客赠送一只限量版的米奇老鼠，米奇头戴安全帽及手持工具，一身工程师造型别具心思，脚底还写上了纪念日期，极具珍藏价值。香港迪士尼乐园在地铁迪士尼线通车后，推出精美的纪念车票亲子套票，该亲子套票每套售价150元，共4张车票，可供搭乘任何两路地铁线，购买者可获赠一辆仿迪士尼线列车的模型。

以上营销活动，增加了游客或受众价值体验的同时，也培养了游客或受众的内心好感，对迪士尼文化传播和乐园销售促进起到了极大的作用，正所谓细微之处见精神。从前期宣传到营业后的立体宣传，迪士尼的人文情怀，让人自然而然地对其产生好感，光顾自然是顺理成章。

清凉我爱雪碧

雪碧是可口可乐公司推出的第三个品牌，于1961年上市，经过多年的发展，已经成为全球最大的柠檬味汽水饮料品牌；该产品远销全球190多个国家，是全球第三大软饮料品牌。

"透心凉，心飞扬"，雪碧的这句广告词，很多人都印象深刻，原因就是它在炎炎夏日给人的视觉冲击感，透出丝丝的凉意。"雪碧"一词，音译自英语Sprite，原意为妖怪、精灵。作为一种饮料，把它译为"雪碧"可谓是煞费苦心。雪，有寒意；碧，清澈碧蓝。在炎热的夏季，顿时有一种清凉之感，产生"挡不住的冰爽清凉诱惑"，每个人都想喝那一口清凉。

"雪碧"一贯奉行世界级明星代言策略，张惠妹、伏明霞等先后倾情演绎年轻、时尚的品牌内涵，广告语"晶晶亮，透心凉"曾成为年轻一代人的流行语，其品牌知名度几乎是家喻户晓、妇儒皆知，"雪碧"已成为我国柠檬味碳酸饮料市场的绝对领导品牌。

从2000年后，雪碧中国原创音乐流行榜每年都有新内容出现。"（雪碧）我的选择中国原创音乐流行榜"，受众人数当年已破百万。从此，音乐营销模式成为雪碧的主要营销模式，对于其选择音乐营销方式的促销效果，从可口可乐销量全球排至第四位可窥一斑。2008年，雪碧全球新增销量的60%都来自中国，恰恰说明了音乐营销模式效果的显著。

2009年，雪碧音乐营销开始专注20岁左右的年轻消费者，音乐载体则是流行音乐中的原创音乐，这与以往雪碧的音乐营销方式有所不同。起初，雪碧利用音乐营销的形式相对简单，只是把音乐注入到电视广告上，萧亚轩和杜德伟合拍的雪碧广告歌曲，至今还让很多年轻人感动。但这种单一的方式并非雪碧品牌独用，"娃哈哈"的"我的眼里只有你"也带动了企业的发展。

随着时间的推移，明星影响力的变化，这种形式的效果越发不明显。正如有些专业人士讲的一样，简单运用歌曲进行营销，只会在音乐广告刚刚起步的时候引起轰动效应，但在如今这个明星代言泛滥的时代却并不好用，雪碧营销策略也从简单的明星代言，向目标受众的情感诉求上进行改变。

雪碧通过赞助原创音乐榜的形式，与当下的年轻人形成一种紧密联系，足以保证其在诸多同类品牌中形成自己的影响力。这种影响力的形成，是雪碧把音乐作为营销的一种工具和平台的延伸效果，可以很好地宣扬雪碧的品牌定位——年轻，进而在消费者心中根植雪碧的品牌特性，强化年轻人对其品牌的忠诚度。可以说，"雪碧中国原创音乐流行榜"的举办不是"造星"，而是注入雪碧的文化理念，打造诉求终端的营销短线。

爱我就啃周黑鸭

对于周黑鸭这个品牌，大家并不陌生，可以说很熟悉，其以星火燎原之势在全国各地开店，在高铁站、学校门口、办公大楼、菜市场均可以品尝到周黑鸭。这种快速增长的态势，其经营者究竟在营销过程中施加了怎样的魔法非常值得我们去思考。

最初，当人们听到"周黑鸭"三个字时，首先想到的可能是姓周的老板卖鸭子，让大家感觉这可能是一种有传承的"私房鸭"，经过发展做起了门店。其实任何一个品牌，首先要做的是让人能产生兴趣，让人能够记得住，从这个角度来讲，"周黑鸭"是成功的。

近几年，我们不难发现一个现象，在情怀大行其道的当下，品牌名字有记忆点或有情怀的更容易让顾客产生兴趣，比如说江小白。当你买一盒周黑鸭，你第一印象是，鸭如其名，颜色是黑的，随后的感觉是，这个确实与市场上的其它鸭不一样，这不得不让我们为老板叫好，佩服其经营思维。主流市场都忙着在鸭子的口味上面做文章时，周黑鸭在鸭子的颜色上做了文章，这就形成了"品牌的唯一性"，再加上人们对这种黑色的鸭子口味的期待，无疑给周黑鸭开拓出一条新路，有了成功的可能性。

无论是市面上的哪种"鸭食"，第一印象大多被归到卤菜一类，但人们来到周黑鸭的门店时却发现，这种认知是错误的，周黑鸭的定位是休闲食品，它是人们休闲娱乐的小零食。正是这种不同的定位，让周黑鸭将其连锁店锁定在了年轻人聚集及有大范围人员流动的地区，比如高铁站、核心商圈。

把定位聚焦到年轻人和商圈，其门店的外观、内饰和食物本身的包装，都需要在"档次"上下一番功夫，做一番文章，不能和一些同行业的门店一样，简单地用一个冰柜来存放货品，要有鲜明的装饰风格和有休闲区域、开放式的购物环境，等等，以此彰显其品牌的定位和品位，不再是一家食品零售店，而成了一家微型餐饮店。

在当下，人们非常注重食品的新鲜、卫生等购买因素，即使味道再好，可是看起来不干净，也会将很多顾客拒之门外。周黑鸭在这方面非常注重，其采用两种分装方式，一是采用透明的塑料餐盒进行分装，然后称重销售；二是真空的不透明塑料包装，这种食品的保质期会更长一点。

走进周黑鸭门店，你会发现其在墙面上悬挂着的这种食品的外包装特别显眼，一个大大的鸭子嘴图案，让人印象非常深刻，看起来就是一只一只的鸭子嘴，即使相距很远，也很容易被人们发现，并勾起人们的食欲。

提起周黑鸭第一印象就是都比较辣，对于爱吃辣的顾客来说，肯定会喜欢，但让人感到奇怪的是，很多即使不吃辣的人，有时候也会馋，想吃上一些，究其原因，从我个人角度觉得，当产品从卤制品被定义成了休闲食品以后，有一部分人是固定的回头客，而有一部分人是尝鲜客，尝鲜客偶尔也会做一回回头客，这样顾客资源就不再是个问题，有顾客就不怕没生意。

一家企业能把一只"鸭"卖到全国，我觉得其中的秘密一定是有关经营模式的秘密。从周黑鸭的品牌到门店，产品到陈列，每一个门店经营管理的细节都有可圈可点之处，当然他们的服务做得也很不错，这都是值得我们学习的地方。通过大量市场走访和调研发现，在周黑鸭未出现前，当时在"鸭"上做文章的企业，还没有打造出"普遍意义上的强势品牌"，这无疑成为周黑鸭成功的一个契机。相对于绝味与久久鸭这些走进大街小巷的品牌，其定位于"零食"消费无疑是具有前瞻性的，毕竟零食的消费频次更高、消费场景更丰富，有利于提高消费者的购买欲望。

周黑鸭的零食定位，让其更便于在全国市场传播，可有效抵消市场区域化对产品的限制。在占有先机的情况下，周黑鸭在口味上偏重于年轻人，这与其将自身定位为零食类产品，提供了强硬的内核，原因无他，零食的主力消费人群就是年轻人。在"人和"的大背景下，周黑鸭也很注重抓住"天时地利"，比如赞助汉口地铁站，成功植入《变形金刚4》等娱乐大事件，都让周黑鸭抢占了天时地利，使其具有做大做强的企业潜质。

从周黑鸭发展历程来看，早期市场竞争相对空白，通过与卓朴营销集团的合作，周黑鸭建立起了全方位的品牌体验，异军突起，顺势成为休闲零食行业的强势品牌。那么今后周黑鸭主要面临的问题将是"如何稳固市场，保持品牌的一致性与新鲜感"；如何将自有特色的娱乐种子更好地进行延伸，打造多样化的销售渠道，开设更多门店，开启更多的品牌触点，让"周黑鸭"更好地与消费者保持常态的沟通，去适应不同市场、区域和消费人群。

第十二章

跨界牽手博得眼球

OFO 与小黄人亲密相融

"OFO"是"Online Fuse Off line"的简称,即线上线下融合。主要指的是,将线下的商务机会与互联网联合起来,将互联网和线下实体组成一个全方位的服务平台。

小黄人是电影《神偷奶爸》中的角色,喜欢内讧,语言混杂,打架时轻则十几个人对打,重则动用火箭筒。但如果有人想伤害他们或格鲁一家,他们就会一致对外。正义终究能打败邪恶,在小黄人的帮助下,主人公格鲁最终战胜了恶势力!

小黄人形象的出现,受到了众多观众的好评,引发了众多电影周边产品的出现,小黄人的经典话语也被观众争相模仿,掀起一阵狂潮。

2017年,OFO与小黄人成功跨界联手,超高的契合度,成为人们眼中最值得期待的牵手CP。OFO与小黄人的跨界合作,除了品牌双方调性的契合,更多的是源于跨领域的受众资源。一方是共享单车海量的用户群体,一方是知名的强大IP,双方互相借势,促成了这次合作。

在《神偷奶爸3》北京首映之时,"国民单车"OFO小黄车与国际电影巨头环球影业的合作也正式拉开了序幕,自此OFO小黄车获得了环球影业旗下著名品牌IP小黄人的形象授权。此消息一出,顿时让业内浮想联翩。作为登顶北美第28周票房榜单的动画长片《小黄人大眼萌》,使得其主人公"小黄人"形象成为火遍全球的爆款 IP 之一。此次与 OFO 小黄车的联合，成为营销行业的又一经典案例。

此前，经过长时间的经营，OFO 小黄车已经将"黄色"这一品牌主色调深深烙在顾客心中，成了其代名词。为了进一步顺应消费者的认知和喜好，OFO 顺势将品牌名称更改为"OFO 小黄车"，足见其对"黄"色基因的重视。此次 OFO 小黄车联姻同样以"黄"著称的小黄人，组成"最黄 CP"，在"和谐""卖萌"的基础上，喜感更是爆棚。

从公开数据显示来看，OFO 小黄车作为无桩单车共享模式的首创者，自成立以来，已在全球 150 座城市投放了超过 650 万辆共享单车，这也使 OFO 小黄车成为全球最大的、估值最高的共享单车平台。据欧美一些数据公司调研显示，OFO 小黄车已占据中国国内 65% 的市场份额，其活跃用户份额占比也达到近四成，高居行业第一位，同时在全球 5 个国家同步运营，运营效果良好。由此可见，环球影业之所以选择与 OFO 小黄车合作，是因为与其企业实力、品牌价值和海外基因等全方位的契合。

OFO 小黄车与小黄人的跨界合作，究竟会给 OFO 小黄车与整个共享单车行业带来哪些价值和启发呢？从我个人的角度来看，那就是情感营销和萌营销的结合。OFO 小黄车根据小黄人的形象而设计推出的"OFO 大眼车"，不仅在单车最大的视觉面——两个轮毂上配上了小黄人形象，更巧妙地将小黄人最萌、最撩人的一双大眼睛装在了车把前，赋予小黄车鲜活的生命。在吸引眼球和感官刺激方面，升级后的 OFO 大眼车提升了不止一个段位。

共享单车刚出现时，第一批用户是对新鲜事物极度敏感、好奇的年轻人，作为第一批使用共享单车的用户，起到了良好的示范和口碑传播的作用，让更多的年轻人，甚至是中老年人，开始体验共享单车，形成一股绿色环保出行的潮流。经过一段时间的沉淀，很多年轻人失去新鲜感后，使用者再次回归到刚需人群和偏好单车出行的人群；这时，共享单车真正能吸引人的地方，再次回归到用户的骑行体验上。

怎样提高用户体验度呢？单车的物理功能难以有大的突破，只能在用户的情感共鸣上做文章。长着一双小黄人大眼睛的OFO大眼车，在很大程度上满足了用户的情感体验需求，骑着酷炫OFO大眼车，让骑乘者也贴上了酷炫的标签，同时让人童心大起，有着一种骑着单车忆童年、童趣和青春岁月的感觉。

新奇、趣味、快乐的用户体验，无疑将提升OFO小黄车用户的使用频率和品牌忠诚度；而骑行体验的提升，也能吸引更多没有使用过共享单车的人加入小黄车一族，甚至会有大批"老司机"移情别恋爱上小黄车。

更难得的是，小黄人和OFO小黄车的粉丝高度重合——以00后、90后、80后为主。爱屋及乌，因钟爱小黄人而爱上OFO小黄车的粉丝也不在少数，可以直接实现粉丝的转化，粉丝群体的互动将进一步放大小黄人对小黄车品牌形象的提升作用。

将小黄人形象与OFO小黄车产品相融合，让OFO小黄车的品牌增加了人格化的内涵。在萌萌的拟人化形象烙印下，其不再是个单纯的共享代步交通工具，而是被赋予了灵魂的，有形象、有个性、可以进行情感沟通的"萌车"。

网易考拉牵手《爸爸去哪儿5》

网易考拉是网易旗下的综合型电商,主要从事跨境业务,销售品类有:母婴、美容彩妆、家居生活、营养保健、环球美食、服饰箱包、数码家电等。网易考拉为消费者提供了海量海外商品的购买渠道,用户能"用更少的钱,过更好的生活",实现了消费和生活的双重升级。

《爸爸去哪儿》是湖南卫视举办的一个亲子户外真人秀节目,节目已经连续播出五季,受到观众的喜爱和好评,2017年11月被评为"第二届博鳌国际旅游传播论坛2017年度旅游综艺节目"。

网易考拉海购借势《爸爸去哪儿》第五季热播,在其社交网络引发关于"丧偶式育儿""隐形爸爸"的社会热议之时,顺势推出"上网易考拉,不做隐形爸爸"的话题,同时与小猪短租合作,推出洋屋民宿,以场景体验的方式,向年轻爸爸传递亲子互动的生活理念。

据了解,杭州一家快闪店吸引了数万名奶爸前去参与,活动场面十分热闹。奶爸跟自己的孩子通过差别的亲子游戏,不但加强了孩子跟爸爸之间的互动,还能让爸爸学习到带娃的技巧。他们纷纷在留言墙留言,与现场场景合影。这家只开一天的快闪店,是由网易考拉和亲子类真人秀《爸爸去哪儿》一起推出的全球集市。活动当天,不但吸引了杭城的奶爸前来互动参与,还吸引了周边地区的爸爸前来观摩。

跨境电商结合综艺大IP联手推出快闪店的模式,不只是营销玩法的升级，也是打造了"真人秀IP营销"的消费新模式。现场有很多爸爸都在工作中付出过多的时间，忽略了孩子的成长。对于此类活动的推出，奶爸们都很欢迎。

平日里工作很忙，很少时间陪妻儿的爸爸们，看到此次活动，就打算在活动现场给自己的妻儿购置一些礼物。很多到现场的爸爸感慨道："本以为就是一个快闪店，买点海外商品给妻儿，没想到此次活动让我看到了其他父子之间的互动，让我有种冲动，想要和自己的小孩一起完成游戏任务。"

以往的快闪店要么造型酷炫，适合拍照，要么就适合女性用户；爸爸们没法参与此次网易考拉联手《爸爸去哪儿》打造全球集市活动，少了浮夸，多了家庭生活的温馨。随着消费群体的变革，放眼全国各地，各大购物商区都在不停增加体验业态的权重，利用快闪店的模式，吸引客流，且拉动用户的消费力。

这几年快闪店的模式在国内层出不穷，关键是找到差异化，做出有差别的快闪店，让用户主动进行体验和分享传播。正如此次活动，抓住用户日常生活场景中的一点，通过亲子游戏以及物料展示的方式，让常年因为工作在外的爸爸们，看到孩子在成长过程中需要爸爸陪他一起完成更多的亲子任务。

网易考拉此次联手《爸爸去哪儿》，外观上只是开了快闪店，实则是融入了孩子与母亲对话的生活场景，让爸爸置身场景之外去看双方对话，产生情感共鸣后，直接拉动爸爸们的购买力。业内人士表示，网易考拉近期营销动作频繁，不久之前跨界民宿行业，让洋货融入度假的场景中，再加上此次与真人秀大IP《爸爸去哪儿》合作，可以说，网易考拉海购实现了运用日常生活中的暖心"小"爱，传递和实现"大"爱的诉求，最终实现了品牌营销和口碑的双赢。

第十二章 让人自然亲近

网易云音乐牵手农夫山泉

网易云音乐是一款专注于发现与分享的音乐产品,其依托专业音乐人、DJ、好友推荐及社交功能,为用户打造了全新的音乐生活。

农夫山泉,公司总部位于浙江杭州,主要生产和经营饮用水,拥有浙江千岛湖、吉林长白山等八大优质水源基地。2019年,农夫山泉正式进军咖啡界。

网易云音乐与农夫山泉合作,精选了30条乐评,印在4亿瓶农夫山泉饮用天然水瓶身上,制成"乐瓶"。毫无疑问,一条条令人心动的乐评内容,让其在瓶身营销中脱颖而出。双方将情感和生活场景相结合的跨界合作无疑再次加深了用户的代入感。而农夫山泉也将大自然汩汩清泉声转换成好乐评的议论声。

2017年,网易云音乐和农夫山泉宣布达成战略合作,联合推出合作限量款"乐瓶"。网易云音乐精选30条用户乐评,印制在4亿瓶农夫山泉饮用天然水瓶身上,让每一瓶水都自带音乐和故事。这款"乐瓶"水在北京、上海、杭州等全国69个城市首发,京东同步联合发售。

这是网易云音乐宣布品牌升级为"音乐的力量"后所做的首次大规模

营销，是继联合杭港地铁推出"乐评专列"、联合扬子江航空推出"音乐专机"后，与快消品牌的首次品牌级别的跨界合作。值得一提的是，这也是农夫山泉史上首次开放最核心产品进行营销合作。

二者联合打造的"乐瓶"充满了音乐的元素。从外形上，网易云音乐黑胶唱片的图案和用户乐评分布于农夫山泉瓶身上，既符合音乐的设定，又能让人迅速联想到网易云音乐，十分巧妙。据悉，这30条评论，是从网易云音乐上4亿条乐评中精选而来，每个农夫山泉的瓶子都有属于自己的歌曲，每条乐评背后都有一个打动人心的故事，自然引发了消费者的情感共鸣。

让消费者感到惊喜的是，通过扫描附在瓶身上的二维码，可以跳转到网易云音乐相应歌单，其间无须下载，直接跳转，保证消费者用最低的时间和精力成本，获得最优质、最完整的音乐体验。此外，为了进一步增加音乐的趣味性和互动性，用户可以通过网易云音乐APP扫描瓶身图案，体验订制化AR。扫描完成后，手机界面将会让用户置身于沉浸式的星空，点击星球会弹出随机乐评，用户可以拍照、同框合影，并即时分享到社交平台。

对于农夫山泉来说，选择与网易云音乐合作，可以进一步增强与年轻用户的黏性，通过本次轻巧、新奇和富有创意的营销活动，农夫山泉有望更大程度积累用户口碑，增强品牌美誉度，进而打开更广阔的营销渠道，覆盖更多人群和城市，实现销量和产品的沉淀。

网易云音乐则通过与快消品牌的合作，将音乐的力量进一步渗透到饮用水这一快消领域。"乐瓶"与此前"音乐专机""乐评专列"的逻辑一脉相承，都是巧借优质 UGC 内容，为用户和消费者传递音乐的力量。不同的是，"乐瓶"根据饮水场景，不仅为每个人打造专属的乐瓶，而且提供了完整的听歌体验，更具互动性和分享性。

这也是网易云音乐品牌升级为"音乐的力量"后，在日常生活化的场景中，再次展现"音乐的力量"的一次积极尝试，将人与人之间通过音乐传递感情的价值理念，巧妙地以品牌合作和品牌对话的方式进行呈现和普及。

小米的"二次元"之旅

小米科技成立于2010年3月,主要从事智能硬件和电子产品的研发,以及高端智能手机、互联网电视和智能家居的生态链建设。其秉承"为发烧而生"的产品理念,创造了让"发烧友"参与开发改进的模式。

为了"让每个人都能享受科技的乐趣",小米利用互联网开发模式开发产品,用"极客精神"做产品,用互联网模式消除了中间环节,让世界上每个人都能享用来自中国的优质科技产品。如今,小米已经建成了全球最大的消费类平台——IOT物联网平台,连接了1亿多台智能设备,MIUI(小米的首个产品)月活跃用户为1.9亿。

2016年,红米手机请来了刘诗诗、刘昊然等一线当红明星代言,以国民手机的品牌定位举行了一场巨大的推广宣传活动。不过这一成绩显然没有想象中那么理想。根据IDC发布的2016年全球手机销量排行榜,小米已经跌出了前五,被IDC归在"其他"类别里。据可靠数据,小米在2016年总销量仅为4150万台,同比下滑了43%。

在2015年的排名中,小米全球出货量排名中国第一。2016年中国第一的则是华为,OPPO、vivo紧跟其后。2017年2月14日,红米Note 4X请来了新代言人——虚拟歌手初音未来,发布了初音未来的订制手机,并选择将销售渠道放在了二次元的聚集地B站。尽管初音未来在二次元领域中有着强大的粉丝号召力，可对小米而言，这是一次非常大胆的尝试。

　　双方的合作其实不难看出，小米聚焦二次元文化领域的年轻消费群体，目的就是拉拢二次元消费者，而双方的合作量级也引起了不小的市场反响。小米先与初音未来合作，后又签下吴亦凡作为代言人，又重金冠名《中国有嘻哈》，同时又首度重金购买史上第一条纯网超级中插广告。可见，在营销上小米已经慢慢开始发力了，而小米销量大幅提高，也证明了这一系列营销的成功。

　　情人节前夕，小米推出了一款新品红米手机，红米 Note 4X。这款手机最吸引人的地方是拥有初音未来套装版本，售价只有 1299 元。不过该机外观方面并无多少特点，三段式金属机身设计，后置指纹识别，后背上下为塑料贴片，在该价位的手机上倒是常见；就产品上来看，该版本金属机身使用了"初音绿"配色，后背印有"初音未来"四个字、以及独一无二的限量编号。附赠的移动电源和手机壳均有初音未来形象印刷，前者只是剪影图案，而手机壳上则是很萌的全彩初音未来图案。

　　此次小米和初音未来合作，目的就是拉拢二次元消费者，其中就包括那款初音未来的限量版。红米 Note 4X 初音未来限量套装充满了"萌"的气息，包装上有初音未来的漫画形象、专属配色，后壳下方同样印有明显的"初音未来"字样。

　　无论是从性能上，还是从定价上，我们都可以看出，这款手机的潜力值有多少，但我们不能否认的是，其跨界取得的宣传效果和推出限量版的意图，还是非常成功的，不失为一次成功的营销，让小米手机开拓出新的营销领域，拓宽了消费者群。

麦当劳情牵"国漫"全职高手

麦当劳是全球大型跨国连锁餐厅，成立于1955年，在世界上拥有约3万间分店，主要售卖汉堡包、薯条、炸鸡、汽水、冰品、沙拉、水果等快餐食品。

《全职高手》是根据蝴蝶蓝同名小说改编的励志剧，主要讲述的故事是：大神级职业电竞选手叶修被俱乐部驱逐，离开职业圈，成为网吧网管，之后在荣耀第十区重新投入游戏，并重返巅峰。在这部剧中，现实与游戏的画面交替感十足，游戏内容的处理方式别具一格，剧情流畅，妙趣横生。为了使观众更好地理解游戏术语，不仅在剧情推进过程中融入了专有名词，还将一些游戏设定为可视化，游戏剧情更真实。

公开资料显示，《全职高手》豆瓣评分8.3分；微博#《全职高手》#话题目前阅读量高达26.3亿，发帖量达1万；开播24小时，播放量就超过了1亿，破了国产动画的纪录。联合出品方二次元社区B站目前总播放量高达2477.4万，追播人数达到265.7万，弹幕总数118.7万条。数据显示，《全职高手》开播当日，弹幕条数突破50万，以至于B站因弹幕数过多，后台出现断续的系统崩坏，可见粉丝力量的强大。

值得一提的是，拥有8000多万粉丝的影视明星陈坤"跨界"担任《全职高手》总监制，这在很大程度上扩大了《全职高手》的受众面，吸引了很大一部分的二次元群体，这对于打破次元壁垒，突破圈层阻隔，引发自来水式的传播，起到了重要作用。腾讯视频总编辑、企鹅影视副总裁王娟透露，邀请陈坤本来是让他演唱主题曲，但在后续的了解中，发现陈坤本就是小说《全职高手》的粉丝，之前还在杂志上拍过叶修的 COS 照片，更重要的是陈坤对于二次元的理解颇深，因此加深了合作。当然明星加持动漫作品，腾讯也不是第一次，像徐静蕾导演的漫改作品《一人之下》也在紧锣密鼓地拍摄中。

《全职高手》在热播时与麦当劳进行跨界合作，共同推出了《全职高手》动画福利篇，男主角叶修大神摇身一变，成为麦当劳新品薯条"就酱"的代言人。除了片中的深度合作以外，在线下，麦当劳不仅在全线餐厅推出《全职高手》订制版麦乐卡，还在杭州开设了一家《全职高手》主题店，整个餐厅内充满了《全职高手》的各类元素。《全职高手》与麦当劳的合作，通过实现跨界联动，让动画、手游围绕二次元用户从线上到线下都能产生积极的作用和影响，从而实现双方合作的价值最大化。

《全职高手》中更为麦当劳订制了一段特殊桥段。主角荣耀斗神叶修被迫选择退役后，走在凄冷的街道上，走进麦当劳的经典店面，而片中那句"开心时，要吃薯条庆祝；难过时，要吃薯条平复"更是成为不少动画粉丝的新流行语。

除了剧情深度结合外，片外麦当劳还打造了让所有全职粉丝癫狂的麦当劳《全职高手》主题店。店中不仅充满了《全职高手》的各类元素，更有动画中主要角色的专属餐桌供粉丝"享用"。其中特别打造的订制麦乐卡更是引发粉丝狂热，为了集齐或者收集自己喜欢的人物的麦乐卡，他们真的是够拼啊！

《全职高手》的热度从2012年出版至今一直都保持稳定。至今，每个月总有全职人物的生日可以上热搜。而本次跨次元营销合作，也让IP本身的流量价值导入线下消费，撩拨着动画真爱粉的持续热议。重点这次麦当劳选用的不是国外动画IP，而是国漫IP，这也让国漫市场又看到了新的商业契机。

　　《全职高手》男主角叶修在麦当劳吃着薯条，更是带火了位于杭州东坡路上的麦当劳《全职高手》主题门店——这可是之前世界级动漫《哆啦A梦》《火影忍者》等才有的粉丝效应！麦当劳主题餐厅的合作方——腾讯视频透露，位于杭州东坡路上的麦当劳《全职高手》主题门店已经售出了远超预期几倍的"麦乐卡"。良好的转化效果，为腾讯视频与麦当劳的进一步合作打开了空间，也为与其他6家广告客户的合作提供了较好的案例。

　　《全职高手》可谓良心之作，让国漫迷小小惊喜了一把，其与麦当劳的跨界合作，从线上到线下都产生了积极的作用和影响，让双方合作的价值实现了最大化，更让商家看到了国产动漫还存在着巨大的营销潜力。

腾讯与 DQ 共创好时光

腾讯网成立于 2003 年，发展至今，已经成为集新闻信息、区域垂直生活服务、社会化媒体资讯和产品于一体的互联网媒体平台，主要设有新闻、科技、财经、娱乐、体育、汽车、时尚等栏目，在"2018 年中国互联网企业 100 强"中，位居第二。

"DQ"是"Dairy Queen"的首字母缩写，意为"冰雪皇后"。1938 年，美国人麦卡洛制作了一款冰激凌产品。这种软体冰激凌，均匀搅拌后，会产生"倒杯不洒"的效果。麦卡洛喜欢把母牛称作"乳品行业的皇后"，冰激凌店因此得名，这款冰激凌产品也就成了今天的"Dairy Queen"（冰雪皇后）。在冰激凌产品市场，"DQ"连续数年全球排名第一！

2015 年，视频内容付费时代到来，用户购买高质量影视版权、移动支付进一步普及。根据 2016 年 1 月艺恩发布的报告显示，2017 年底视频付费用户将超过 1 亿。作为国内领先的在线视频媒体平台，腾讯视频 VIP 会员已经突破 4300 万大关，几乎占据付费用户的半壁江山。面对如此庞大的 VIP 会员群体，腾讯视频通过与 DQ 全国范围内的深度合作，让更多 VIP 用户体验到多项尊贵专属福利。

腾讯视频打造"不负好时光"核心品牌精神，2017 年联手 DQ（好食物）两个品牌跨界合作。而对于 DQ 这一来自美国、拥有 80 年悠久历史的冰激凌品牌来说，除了让每一位顾客都品尝到美味的冰激凌外，更希望消费者能感受到"享你所乐"的品牌理念，希望DQ门店作为一个传递快乐的场所，能够留下大家的笑脸，记录下大家有趣的故事，把握生活中的每一个瞬间，珍惜每一个不期而遇的邂逅，这一DQ秉持的态度和主张，也与腾讯视频"不负好时光"的品牌理念不谋而合。

双方都将每个人平凡的日常小确幸转化为美好时光的甜蜜记忆完美呈现，赢得了年轻人的认可，让其对双方品牌好感度陡增。同时，这种深入且讨巧的体验式营销方式，也为其他视频网站找寻到了运营的新方向。最近，在上海陆家嘴，一家装修独特的网红冰激凌店，吸引了众多路人和游客关注的目光。如果你恰好是陈奕迅的歌迷，那就可以直接推门进店，拿起麦克风高歌一曲"K歌之王"或者"好久不见"，或许就凭歌声赢得一个DQ甜筒。

腾讯视频联合DQ推出的"C'mon in～音乐之旅"主题冰激凌店于2017年11月14日正式在上海陆家嘴金融中心开幕，为期5个月的"腾讯视频×DQ不负甜蜜好时光"系列品牌合作活动展开。腾讯视频将通过DQ的全国800+家店铺渠道，深度曝光包括《陈奕迅C'mon in～音乐之旅》《王者出击》《柒个我》等大剧热综，而DQ将获得腾讯视频2017年底热推的多部独家IP全国合作露出机会。上海陆家嘴金融中心腾讯视频×DQ主题店作为活动的起点，为双方品牌的深度合作拉开了新序幕。

据悉，本次合作双方品牌史无前例地互换了全国范围内线上线下众多资源，置换总价值超千万元，双方品牌多渠道曝光频次超亿，将有总计超500万枚的订制暴风雪杯贴在活动期间发出，多家IP主题冰激凌店将陆续开幕。

2017年11月至2018年3月，消费者到全国DQ门店购买全新换红装的暴风雪产品，扫码参加腾讯视频和DQ推出的互动活动，即可获得由DQ和腾讯视频VIP会员送出的总价值超千万元的优惠券好礼。

首档DQ独家订制版陈奕迅歌词贴纸目前已全面登陆DQ门店，为陈奕迅歌迷和广大消费者带来更多的欢乐体验和惊喜奖品。扫码陈奕迅贴纸，猜一猜是陈奕迅的哪首歌，全部猜中8首陈奕迅经典歌曲，还有机会获得陈奕迅签名照。"我多么想和你见一面，看看你最近又出了什么口味儿"，吃一口甜蜜的冰激凌，再唱几首经典的劲歌金曲，消费者随时可以来到上海陆家嘴C'mon in～DQ主题店为陈奕迅隔空应援打call，与小伙伴一起飙歌畅谈。

可以说，2017年腾讯视频"美好内容、美好时光"的这一理念，再次提升了人们对腾讯视频的观感。腾讯视频X（好内容）和DQ（好食物）两个品牌跨界合作，吃甜筒嗨歌，这种深入且讨巧的体验式营销方式，无疑更能打动当下年轻人，直戳年轻人的痛点，而这一突破性的营销模式，也为其他视频网站指明了新方向。

后 记

完稿之时，莫名地舒了一口气。喝杯咖啡，静静地回想，是否达到自己落笔的初衷，再三思量，及格之上的分数还是要给的，从告慰父亲的角度来看，心愿已达成。

从开卷有益的角度，这部书文字谈不上优美，情节谈不上引人入胜，案例谈不上如何经典，但一部书的好坏，终究不能简单地用观感来形容。没有人因为读了《马云传》，就成为下一个马云；也没有人因为和巴菲特吃了一顿饭，听股神讲秘籍，就成为下一个股神。经商之道，终究还是要自己去"悟"。

写这本书不是为了"教"。自身虽小有心得，但还未到自信溢满的程度，就是想分享一个心得，一个理念。正如我很喜欢刘震云先生那本《一句顶一万句》的书名一样，我的文字最终要表达的就是一个理念——卖东西不如卖感觉！

在销售领域虽说没有"金句""点石成金"之说，但我仍希望，读者在字里行间，能为一段话、一个案例、一个小心得所触动，能有所悟，有所得，能打开一扇属于自己的销售新门。真能如此，这部书也就超额完成了它的使命！